U0065677

心一堂術數古籍珍本叢刊

書名：批注地理辨正再辨直解合編（上）
系列：心一堂術數古籍珍本叢刊　堪輿類　第二輯　201
作者：【清】蔣大鴻原著、【清】姚銘三再註、【清】章仲山直解
主編、責任編輯：陳劍聰
心一堂術數古籍珍本叢刊編校小組：陳劍聰　素聞　梁松盛　鄒偉才　虛白盧主

出版：心一堂有限公司
通訊地址：香港九龍旺角彌敦道六一〇號荷李活商業中心十八樓〇五—〇六室
深港讀者服務中心・中國深圳市羅湖區立新路六號羅湖商業大廈負一層〇〇八室
電話號碼：(852)67150840
網址：publish.sunyata.cc
電郵：sunyatabook@gmail.com
網店：http://book.sunyata.cc
淘寶店地址：https://shop210782774.taobao.com
微店地址：https://weidian.com/s/1212826297
臉書：https://www.facebook.com/sunyatabook
讀者論壇：http://bbs.sunyata.cc/

版次：二零一七年十月初版
平裝：兩冊不分售

定價：港幣　五百八十元正
　　　新台幣　二千二百元正

國際書號：ISBN 978-988-8317-89-9

香港發行：香港聯合書刊物流有限公司
地址：香港新界大埔汀麗路36號中華商務印刷大廈3樓
電話號碼：(852)2150-2100
傳真號碼：(852)2407-3062
電郵：info@suplogistics.com.hk

台灣發行：秀威資訊科技股份有限公司
地址：台灣台北市內湖區瑞光路七十六巷六十五號一樓
電話號碼：+886-2-2796-3638
傳真號碼：+886-2-2796-1377
網絡書店：www.bodbooks.com.tw
台灣國家書店讀者服務中心：
地址：台灣台北市中山區松江路二〇九號一樓
電話號碼：+886-2-2518-0207
傳真號碼：+886-2-2518-0778
網絡書店：http://www.govbooks.com.tw

中國大陸發行　零售：深圳心一堂文化傳播有限公司
深圳地址：深圳市羅湖區立新路六號羅湖商業大廈負一層〇〇八室
電話號碼：(86)0755-82224934

心一堂微店二維碼

心一堂淘寶店二維碼

心一堂術數古籍 珍本 叢刊 總序
整理

術數定義

術數，大概可謂以「推算（推演）、預測人（個人、群體、國家等）、事、物、自然現象、時間、空間方位等規律及氣數，並或通過種種『方術』，從而達致趨吉避凶或某種特定目的」之知識體系和方法。

術數類別

我國術數的內容類別，歷代不盡相同，例如《漢書・藝文志》中載，漢代術數有六類：天文、曆譜、五行、蓍龜、雜占、形法。至清代《四庫全書》，術數類則有：數學、占候、相宅相墓、占卜、命書、相書、陰陽五行、雜技術等，其他如《後漢書・方術部》、《藝文類聚・方術部》、《太平御覽・方術部》等，對於術數的分類，皆有差異。古代多把天文、曆譜、及部分數學均歸入術數類，而民間流行亦視傳統醫學作為術數的一環；此外，有些術數與宗教中的方術亦往往難以分開。現代民間則常將各種術數歸納為五大類別：命、卜、相、醫、山，通稱「五術」。

本叢刊在《四庫全書》的分類基礎上，將術數分為九大類別：占筮、星命、相術、堪輿、選擇、三式、讖諱、理數（陰陽五行）、雜術（其他）。而未收天文、曆譜、算術、宗教方術、醫學。

術數思想與發展——從術到學，乃至合道

我國術數是由上古的占星、卜筮、形法等術發展下來的。其中卜筮之術，是歷經夏商周三代而通過「龜卜、蓍筮」得出卜（筮）辭的一種預測（吉凶成敗）術，之後歸納並結集成書，此即現傳之《易

經》。經過春秋戰國至秦漢之際，受到當時諸子百家的影響、儒家的推崇，遂有《易傳》等的出現，原本是卜筮術書的《易經》，被提升及解讀成有包涵「天地之道（理）」之學。因此，《易・繫辭傳》曰：「易與天地準，故能彌綸天地之道。」

漢代以後，易學中的陰陽學說，與五行、九宮、干支、氣運、災變、律曆、卦氣、讖緯、天人感應說等相結合，形成易學中象數系統。而其他原與《易經》本來沒有關係的術數，如占星、形法、選擇，亦漸漸以易理（象數學說）為依歸。《四庫全書・易類小序》云：「術數之興，多在秦漢以後。要其旨，不出乎陰陽五行，生尅制化。實皆《易》之支派，傅以雜說耳。」至此，術數可謂已由「術」發展成「學」。

及至宋代，術數理論與理學中的河圖洛書、太極圖、邵雍先天之學及皇極經世等學說給合，通過術數以演繹理學中「天地中有一太極，萬物中各有一太極」（《朱子語類》）的思想。術數理論不單已發展至十分成熟，而且也從其學理中衍生一些新的方法或理論，如《梅花易數》、《河洛理數》等。

在傳統上，術數功能往往不止於僅僅作為趨吉避凶的方術，及「能彌綸天地之道」的學問，亦有其「修心養性」的功能，「與道合一」（修道）的內涵。《素問・上古天真論》：「上古之人，其知道者，法於陰陽，和於術數。」數之意義，不單是外在的算數、歷數、氣數，而是與理學中同等的「道」、「理」--心性的功能，北宋理氣家邵雍對此多有發揮：「聖人之心，是亦數也」、「萬化萬事生乎心」、「心為太極」。《觀物外篇》：「先天之學，心法也。……蓋天地萬物之理，盡在其中矣，心一而不分，則能應萬物。」反過來說，宋代的術數理論，受到當時理學、佛道及宋易影響，認為心性本質上是等同天地之太極。天地萬物氣數規律，能通過內觀自心而有所感知，即是內心也已具備有術數的推演及預測、感知能力；相傳是邵雍所創之《梅花易數》，便是在這樣的背景下誕生。

《易・文言傳》已有「積善之家，必有餘慶；積不善之家，必有餘殃」之說，至漢代流行的災變說及讖緯說，我國數千年來都認為天災，異常天象（自然現象），皆與一國或一地的施政者失德有關；下至家族、個人之盛衰，也都與一族一人之德行修養有關。因此，我國術數中除了吉凶盛衰理數之外，人心的德行修養，也是趨吉避凶的一個關鍵因素。

術數與宗教、修道

在這種思想之下，我國術數不單只是附屬於巫術或宗教行為的方術，又往往是一種宗教的修煉手段——通過術數，以知陰陽，乃至合陰陽（道）。「其知道者，法於陰陽，和於術數。」例如，「奇門遁甲」術中，即分為「術奇門」與「法奇門」兩大類。「法奇門」中有大量道教中符籙、手印、存想、內煉的內容，是道教內丹外法的一種重要外法修煉體系。甚至在雷法一系的修煉上，亦大量應用了術數內容。此外，相術、堪輿術中也有修煉望氣（氣的形狀、顏色）的方法；堪輿家除了選擇陰陽宅之吉凶外，也有道教中選擇適合修道環境（法、財、侶、地中的地）的方法，以至通過堪輿術觀察天地山川陰陽之氣，亦成為領悟陰陽金丹大道的一途。

易學體系以外的術數與的少數民族的術數

我國術數中，也有不用或不全用易理作為其理論依據的，如揚雄的《太玄》、司馬光的《潛虛》。也有一些占卜法、雜術不屬於《易經》系統，不過對後世影響較少而已。

外來宗教及少數民族中也有不少雖受漢文化影響（如陰陽、五行、二十八宿等學說。）但仍自成系統的術數，如古代的西夏、突厥、吐魯番等占卜及星占術，藏族中有多種藏傳佛教占卜術、苯教占卜術、擇吉術、推命術、相術等；北方少數民族有薩滿教占卜術；不少少數民族如水族、白族、布朗族、佤族、彝族、苗族等，皆有占雞（卦）草卜、雞蛋卜等術，納西族的占星術、占卜術，彝族畢摩的推命術、占卜術……等等，都是屬於《易經》體系以外的術數。相對上，外國傳入的術數以及其理論，對我國術數影響更大。

曆法、推步術與外來術數的影響

我國的術數與曆法的關係非常緊密。早期的術數中，很多是利用星宿或星宿組合的位置（如某星在某州或某宮某度）付予某種吉凶意義，并據之以推演，例如歲星（木星）、月將（某月太陽所躔之宮次）等。不過，由於不同的古代曆法推步的誤差及歲差的問題，若干年後，其術數所用之星辰的位置，已與真實星辰的位置不一樣了；此如歲星（木星），早期的曆法及術數以十二年為一周期（以應地支），與木星真實周期十一點八六年，每幾十年便錯一宮。後來術家又設一「太歲」的假想星體來解決，是歲星運行的相反，週期亦剛好是十二年。而術數中的神煞，很多即是根據太歲的位置而定。又如六壬術中的「月將」，原是立春節氣後太陽躔娵訾之次而稱作「登明亥將」，至宋代，因歲差的關係，要到雨水節氣後太陽才躔娵訾之次，當時沈括提出了修正，但明清時六壬術中「月將」仍然沿用宋代沈括修正的起法沒有再修正。

由於以真實星象周期的推步術是非常繁複，而且古代星象推步術本身亦有不少誤差，大多數術數除依曆書保留了太陽（節氣）、太陰（月相）的簡單宮次計算外，漸漸形成根據干支、日月等的各自起例，以起出其他具有不同含義的眾多假想星象及神煞系統。唐宋以後，我國絕大部分術數都主要沿用這一系統，也出現了不少完全脫離真實星象的術數，如《子平術》、《紫微斗數》、《鐵版神數》等。後來就連一些利用真實星辰位置的術數，如《七政四餘術》及選擇法中的《天星選擇》，也已與假想星象及神煞混合而使用了。

隨着古代外國曆（推步）、術數的傳入，如唐代傳入的印度曆法及術數，元代傳入的回回曆等，其中我國占星術便吸收了印度占星術中羅睺星、計都星等而形成四餘星，又通過阿拉伯占星術而吸收了其中來自希臘、巴比倫占星術的黃道十二宮、四大（四元素）學說（地、水、火、風），並與我國傳統的二十八宿、五行說、神煞系統並存而形成《七政四餘術》。此外，一些術數中的北斗星名，不用我國傳統的星名：天樞、天璇、天璣、天權、玉衡、開陽、搖光，而是使用來自印度梵文所譯的：貪狼、巨門、祿存、文曲，廉貞、武曲、破軍等，此明顯是受到唐代從印度傳入的曆法及占星術所影響。如星命術中的《紫微斗數》及堪輿術中的《撼龍經》等文獻中，其星皆用印度譯名。及至清初《時憲曆》，置閏之法則改用西法「定氣」。清代以後的術數，又作過不少的調整。

此外，我國相術中的面相術、手相術，唐宋之際受印度相術影響頗大，至民國初年，又通過翻譯歐西、日本的相術書籍而大量吸收歐西相術的內容，形成了現代我國坊間流行的新式相術。

陰陽學——術數在古代、官方管理及外國的影響

術數在古代社會中一直扮演着一個非常重要的角色，影響層面不單只是某一階層、某一職業、某一年齡的人，而是上自帝王，下至普通百姓，從出生到死亡，不論是生活上的小事如洗髮、出行等，大事如建房、入伙、出兵等，從個人、家族以至國家，從天文、氣象、地理到人事、軍事，從民俗、學術到宗教，都離不開術數的應用。我國最晚在唐代開始，已把以上術數之學，稱作陰陽（學），行術數者稱陰陽人。（敦煌文書、斯四三二七唐《師師漫語話》：「以下說陰陽人謾語話」，此說法後來傳入日本，今日本人稱行術數者為「陰陽師」）。一直到了清末，欽天監中負責陰陽術數的官員中，以及民間術數之士，仍名陰陽生。

古代政府的中欽天監（司天監），除了負責天文、曆法、輿地之外，亦精通其他如星占、選擇、堪輿等術數，除在皇室人員及朝庭中應用外，也定期頒行日書、修定術數，使民間對於天文、日曆用事吉凶及使用其他術數時，有所依從。

我國古代政府對官方及民間陰陽學及陰陽官員，從其內容、人員的選拔、培訓、認證、考核、律法監管等，都有制度。至明清兩代，其制度更為完善、嚴格。

宋代官學之中，課程中已有陰陽學及其考試的內容。（宋徽宗崇寧三年〔一一零四年〕崇寧算學令：「諸學生習……並曆算、三式、天文書。」「諸試……三式即射覆及預占三日陰陽風雨。天文即預

定一月或一季分野災祥，並以依經備草合問為通。」

金代司天臺，從民間「草澤人」（即民間習術數人士）考試選拔：「其試之制，以《宣明曆》試推步，及《婚書》、《地理新書》試合婚、安葬，並《易》筮法，六壬課、三命、五星之術。」（《金史》卷五十一・志第三十二・選舉一）

元代為進一步加強官方陰陽學對民間的影響、管理、控制及培育，除沿襲宋代、金代在司天監掌管陰陽學及中央的官學陰陽學課程之外，更在地方上增設陰陽學課程（《元史・選舉志一》：「世祖至元二十八年夏六月始置諸路陰陽學。」）地方上也設陰陽學教授員，培育及管轄地方陰陽人。（《元史・選舉志一》：「（元仁宗）延祐初，令陰陽人依儒醫例，於路、府、州設教授員，凡陰陽人皆管轄之，而上屬於太史焉。」）自此，民間的陰陽術士（陰陽人），被納入官方的管轄之下。

至明清兩代，陰陽學制度更為完善。中央欽天監掌管陰陽學，明代地方縣設陰陽學正術，各州設陰陽學典術，各縣設陰陽學訓術。陰陽人從地方陰陽學肄業或被選拔出來後，再送到欽天監考試。（《大明會典》卷二二三：「凡天下府州縣舉到陰陽人堪任正術等官者，俱從吏部送（欽天監），考中，送回選用；不中者發回原籍為民，原保官吏治罪。」）清代大致沿用明制，凡陰陽術數之流，悉歸中央欽天監及地方陰陽官員管理、培訓、認證。至今尚有「紹興府陰陽印」、「東光縣陰陽學記」等明代銅印，及某某縣某某之清代陰陽執照等傳世。

清代欽天監漏刻科對官員要求甚為嚴格。《大清會典》「國子監」規定：「凡算學之教，設肄業生。滿洲十有二人，蒙古、漢軍各六人，於各旗官學內考取。漢十有二人，於舉人、貢監生童內考取。附學生二十四人，由欽天監選送。教以天文演算法諸書，五年學業有成，舉人引見以欽天監博士用，貢監生童以天文生補用。」學生在官學肄業、貢監生肄業或考得舉人後，經過了五年對天文、算法、陰陽學的學習，其中精通陰陽術數者，會送往漏刻科。而在欽天監供職的官員，《大清會典則例》「欽天監」規定：「本監官生三年考核一次，術業精通者，保題升用。不及者，停其升轉，再加學習。如能黽勉供職，即予開復。仍不及者，降職一等，再令學習三年，能習熟者，准予開復，仍不能者，黜退。」除定期考核以定其升用降職外，《大清律例》中對陰陽術士不準確的推斷（妄言禍福）是要治罪的。《大清律例・一七八・術七・妄言禍福》：「凡陰陽術士，不許於大小文武官員之家妄言禍福，違者杖一百。其依經推算星命卜課，不在禁限。」大小文武官員延請的陰陽術士，自然是以欽天監漏刻科官員或地方陰陽官員為主。

官方陰陽學制度也影響鄰國如朝鮮、日本、越南等地，一直到了民國時期，鄰國仍然沿用着我國的多種術數。而我國的漢族術數，在古代甚至影響遍及西夏、突厥、吐蕃、阿拉伯、印度、東南亞諸國。

術數研究

術數在我國古代社會雖然影響深遠，「是傳統中國理念中的一門科學，從傳統的陰陽、五行、九宮、八卦、河圖、洛書等觀念作大自然的研究。……傳統中國的天文學、數學、煉丹術等，要到上世紀中葉始受世界學者肯定。可是，術數還未受到應得的注意。術數在傳統中國科技史、思想史，文化史、社會史，甚至軍事史都有一定的影響。……更進一步了解術數，我們將更能了解中國歷史的全貌。」（何丙郁《術數、天文與醫學中國科技史的新視野》，香港城市大學中國文化中心。）

可是術數至今一直不受正統學界所重視，加上術家藏秘自珍，又揚言天機不可洩漏，「（術數）乃吾國科學與哲學融貫而成一種學說，數千年來傳衍嬗變，或隱或現，全賴一二有心人為之繼續維繫，賴以不絕，其中確有學術上研究之價值，非徒癡人說夢，荒誕不經之謂也。其所以至今不能在科學中成立一種地位者，實有數因。蓋古代士大夫階級目醫卜星相為九流之學，多恥道之；而發明諸大師又故為惝恍迷離之辭，以待後人探索；間有一二賢者有所發明，亦秘莫如深，既恐洩天地之秘，復恐譏為旁門左道，始終不肯公開研究，成立一有系統說明之書籍，貽之後世。故居今日而欲研究此種學術，實一極困難之事。」（民國徐樂吾《子平真詮評註》，方重審序）

現存的術數古籍，除極少數是唐、宋、元的版本外，絕大多數是明、清兩代的版本。其內容也主要是明、清兩代流行的術數，唐宋或以前的術數及其書籍，大部分均已失傳，只能從史料記載、出土文獻、敦煌遺書中稍窺一鱗半爪。

術數版本

坊間術數古籍版本，大多是晚清書坊之翻刻本及民國書賈之重排本，其中豕亥魚魯，或任意增刪，往往文意全非，以至不能卒讀。現今不論是術數愛好者，還是民俗、史學、社會、文化、版本等學術研究者，要想得一常見術數書籍的善本、原版，已經非常困難，更遑論如稿本、鈔本、孤本等珍稀版本。在文獻不足及缺乏善本的情況下，要想對術數的源流、理法、及其影響，作全面深入的研究，幾不可能。

有見及此，本叢刊編校小組經多年努力及多方協助，在海內外搜羅了二十世紀六十年代以前漢文為主的術數類善本、珍本、鈔本、孤本、稿本、批校本等數百種，精選出其中最佳版本，分別輯入兩個系列：

一、心一堂術數古籍珍本叢刊

二、心一堂術數古籍整理叢刊

前者以最新數碼（數位）技術清理、修復珍本原本的版面，更正明顯的錯訛，部分善本更以原色彩色精印，務求更勝原本。并以每百多種珍本、一百二十冊為一輯，分輯出版，以饗讀者。

後者延請、稿約有關專家、學者，以善本、珍本等作底本，參以其他版本，古籍進行審定、校勘、注釋，務求打造一最善版本，方便現代人閱讀、理解、研究等之用。

限於編校小組的水平，版本選擇及考證、文字修正、提要內容等方面，恐有疏漏及舛誤之處，懇請方家不吝指正。

心一堂術數古籍 珍本 整理 叢刊編校小組

二零零九年七月序

二零一四年九月第三次修訂

雲間蔣杜陵先生原本

桐鄉姚銘三先生再註
錫山章仲山先生參閱

地理辨正再
辨直解

文光堂藏板

此本鈔完性孫略已校对一次。戊戌六月廿一 中國九年。六月廿七開細心閱之。數日始完。
是年七月廿七日又看 曾序與三語一到完。

序

此書四本係蔣平階原本 姚銘山再注 章仲山參閱

蔣平階撰

通三才之道曰儒故天官地理皆學士家窮理之本業而象緯之學正三統測灾祥屬有國家者之事獨地理爲養生送死生民日用所急孝子慈孫尤不可以不謹宋儒朱蔡諸賢間有發明見於性理書中者班班可攷顧僅能敷陳梗

鑿

槩而未究其精微或者進而求之通都所布管郭諸書雖其言鑿鑿而去之逾遠斯其爲道顯而隱誠所謂間世一出非人不傳者耶余少失恃壯失怙先大父安溪公早以形家之書孜孜手授久而后知俗學之非也思窮徑絕廼得無極子之傳于游方之外習其所傳又十年所於是遠溯黄石青烏近考青田幕

講彼其言蓋人人殊而厥旨則一且觀天下山川土壤雖大荒內外亦如一也其庶乎地學之正宗在是輒欲舉其說以告學者又不容顯言無已則取當世相傳之書訂其紕繆而析其是非使言之者無罪而聞之者有所懲戒而不至於亂辨正之書所以作也夫地學之有書始於黃石盛於楊公而世所惑溺而

不可卒解者則莫甚於玉尺故論斷諸書彙爲一編其俎豆之與爰書皆以云救也于姜諸子問業日久經史之暇旁及此編豈好事哉我得此道以釋憾於我親從我游者皆有親也姜氏習是編而遽梓之以公世其又爲天下後世之有親者加之意歟允哉儒者之用心也已

辨僞原文

僕弱冠失恃先大父安溪公命習地理之學求之十年而始得其傳乃以所傳徧證之大江南北古今名墓又十年而始會其旨從此益精求之又十年而始窮其變而我年則已老矣姚水親隴吉成生平學地之志已畢自此不復措意夫豈不欲傳之其人然天律有禁不得

妄傳苟非忠信廉潔之人未許與聞一二也丹陽張孝廉仲馨丹徒駱孝廉士鵬山陰呂文學相烈會稽姜公子垚武陵胡公子泰徵淄川畢解元世持昔以文章行業相師因得略聞梗槩此諸君子或丹穴鳳雛或青春鶚薦皆自置甚高不可一世葢求其道以庇本根非挾其術以爲壟斷故能三緘其口不漏片

言庶幾不負僕之講求爾若夫中人以下走四方求衣食者僕初未嘗不憐之然欲冒禁而傳眞道則未敢許也至於僕之得傳有訣無書以此事貴在心傳非可言罄古書充棟半屬僞造故有辨正一書昌言救世後復自言所得作天元五歌然皆莊蒙所謂糟粕必求其精微則亦不在此也此外別無秘本私爲

一家之書近聞三吳兩浙都有自稱得僕真傳以自衒鬻者亦有自撰僞書指爲僕之秘本以簪惑後學者天地之大何所不容但恐僞託之人心術鮮正以不正之術謀人身家必誤人之身家以不正之書傳之後世必貽禍於後世僕不忍不辨惟有識者察之

華亭蔣平階大鴻氏敬告

此序法刪

序

伊古王纘帝帝纘皇有聖人出而不
封不樹者孟氏曰耳目之欲有命則
達人知命不問可也余幼好習星命
憶先君載文公之訓曰談星命者古
鮮名家至於地理皆從易中而出班
然可攷不習於可攷之學而習於無

精之說。安能豁然心目間哉。而初看三合諸書。覺其論支離。繼參辨正十餘年。毫無摸提。後即參之義經。証諸辨正。始能漸造精微。故習地理之由。非為售技也。自悟以來。不與人壟斷。并不以之示人。其所言者乃天地之寶符。凡寶貴重。何況天地之寶。非其人而奚敢輕授也。蔣君因俗師惑人。以辨正一書救之。無如莫能解。僅假其書之名。而爲欺世之技。余旣不忍坐視。特爲之再辨。逐節加詮。便學者之研閱。且其理無二。不必自成一家之書也。然苟陰陽之道。能探精藴。則雖在屠販。亦可名追楊曾。不知元〔玄〕妙。

而妄論害人。兼以自害。則雖吐屬名雋。無非僞學。令分此書爲三帙。以符青囊之始機成三卷。惟即易中發明一二。此外別無他書云。

旹

嘉慶十七年歲次壬申孟春上元日

桐鄉姚銘三識

此敘皆刪

敘

大元空五行之法始於晉盛於唐一時著書立說者類足為言理言氣之祖自宋以降其法稍稍失傳於是諸法雜出各持一說以為求食之藉而偽者日益盛真者日益失矣惟

國初蔣大鴻先生獨得無極真傳將

世俗諸書。辨是非。定眞僞。成地理辨正一書。自此書出。而天玉青囊之奧。錯綜變化之機。陰陽動靜之理。向之失傳。已經六七百年。由先生一朝大聲疾呼。發聾振聵。說掃百家。而道濟一世。豈非參天地。關盛衰。大有功於生民者乎。無何。一法始出。百弊叢生。

今去先生未久。而著書立說者。又幾於汗牛而充棟矣。彼其說之率逞胸臆。而顯與先生背者無論。卽或有奉先生之教。取先生之書。句疏字櫛。張皇補苴。行且自詡爲功臣爲諍子矣。乃究其說之所以然。與先生書不啻毫釐千里之謬。於戲。百年之近。已錯

[illegible]

亂至此。愚恐愈久而愈差也。不揣固陋。杜撰直解。不求字句之工。但期學者之易曉耳。然終望博雅君子。愛我者。幸教我以不逮焉。

道光元年仲春之朔無心道人識於千墨菴

吳縣趙光照書

此跋待刪

蔣大鴻先生辨正一書。闡河洛之奧。陰陽消息錯綜變化之機。明且暢矣。上攷管郭楊曾。降及青田幕講道同一貫。實地學理氣之正宗。雖閒有隱而未發之詞。而天玉青囊之所以然。則又瞭如指掌。無何百餘年來。讀者猶昧其解。是其所是。非其所非。師師相傳。口口相授。而辨正之旨。反日益晦。嗟乎。不善讀青囊天玉寶照諸書。而誤會其用者。皆楊曾之罪人也。不善讀辨正一書而妄謂得傳以自誤而誤人者。又蔣公之罪人也。無錫章君仲山。獨悟眞詮。熟推生尅制化之用。吉凶消長之理。

神明其道于大江南北。已三十年。爰依辨正引伸其說。成直解若干卷。自號曰無心道人。殆深有得天地造化之所以然。而于元空之秘。則幾乎洩矣。一時交好吳巢松太史。單健堂司馬輩。皆聳恿付梓。以公諸世。則是書之出。及大有功于地理之學。亦猶蔣公辨僞諸篇。不憚辭費以捄世之深心也。余與訂交已久。頃來相遇維揚。適貝君簡香。陳君掬生。柯君遠峰。自吳門爲梭刊方竣。用附數言于後。俾當世欲聞斯道者知所取信焉。

道光元年四月武進李逖來紹仔甫跋于邗江寓館

建曰。地理辨正四卷。一言以蔽之。曰時運。

地理辨正增再辨直解目錄

都天寶照經補傳增再辯直解

卷之五

平砂玉尺辨僞

以卦爻純雜分眞假夫婦說 民國庚申年六月初八日建癸侍立

以卦純雜分。眞假夫婦謂取一卦之爻爲夫婦。則純而眞。取兩卦之爻爲夫婦。則雜而假。如天玉經卷三第十三葉二板二行。共路兩神爲夫婦。認取眞神路。注云。巽巳爲眞夫婦。丙辛亦眞夫婦。此句與寶照卷四第十六葉辰戌丑未地元龍乾坤艮巽夫婦宗二句同類。若巳丙則不得爲眞夫婦矣。其他倣此。云云。是也。以三爻純雜分眞假夫婦。謂取三爻之兩爲夫婦。其氣同者則純而眞。其氣異者。則雜而假。如寶照經卷四六十七葉十六行。支若載干爲夫婦。干若帶支是鬼龍。子癸爲吉。壬子凶。三字。眞假在其中。注云。只就子癸壬子一宮爲例。其眞其假。三字之中。迥然差別。云云是也。

一六共宗
天尊地卑至五十
同途〔補注〕一六坤艮也屬水。二
七巽坎也屬火。三
八。離震也屬木。四九
兌乾也屬金。五十也
五合十也屬土。坤巽
離宮主一二三四運。艮
坎震乾主六七八九
運。凡龍與水對。或
與水對。主[illegible]當運
與八卦合九運之清
也。朱子曰。[illegible]生數
到五便[illegible]那一二
三四遇[illegible]那五便
成六七八九。五爲[illegible]自對

地理辨正再辨直解合編

雲間蔣氏平階補傳　門人　會稽姜　垚辨正

桐鄉姚銘三　再註　無心道人增補　直解

青囊經 原本作黃石公授赤松子述義

上卷 古文作堪輿篇郭氏作氣感篇邱氏作理原論今具削之

經曰。天尊地卑。陽奇陰耦。一六共宗。二七同道。三八爲朋。四九爲友。五十同途。闔闢奇偶。五兆生成。流行終始。八體宏布。子母分施。天地定位。山澤通氣。雷風相薄。水火不相射。中五立極。臨制四方。背一面九。三七居旁。二

五成十此亦河圖一記六二記七洛書一對九二對八三之又也

補注　天地定位句上論參伍此論對待先天八卦無不相對不十四卦亦無不相對曰山與水相對水與火相是生不能印兩卦對化交通之

無形爲天地之始

义也

疏注　參伍對待　疏伍作參伍作為對傳將希夷子圖圖熟玩深思自明

新□□□卷之一

八四六縱横紀綱陽以相陰陰以含陽陽生於陰柔生於剛陰德宏濟陽德順昌是故陽本陰陰育陽天依形地附氣此之謂化始

傳曰此篇以無形之氣爲天地之始而推原道之所從來也夫陽氣屬天而實兆於地之中聖人作易以明天地之道皆言陰陽之互爲其根者而已（疏 易有交易變易不易之說互字實兼之义）天高而尊地下而卑然尊者有下濟之德卑者有上行之義一陰一陽一竒一耦其數參伍所以齊一其形對待所以往來天地之匡廓由此而成四時之代謝由此

河圖一六二七三八四九五十合洛書一九二八三七四六對待之圖一三五七九爲天數二四六八十爲地數天數二十有五地數三十天地之數五十有五此所以成變七

而運萬物之化育由此而胚夫此陰陽奇耦之道隨舉一物無不有之天地無心聖人無意自然流露而顯其象於河圖遂有一六共宗二七同道三八爲朋四九爲友五十同途之象聖人因其象而求其義以奇者屬陽而有天一天三天五天七天九之名以耦者屬陰而有地二地四地六地八地十之名而有一必有二有三必有四有五必有六有七必有八有九必有十所謂參伍之數也此一彼二此三彼四此五彼六此七彼八此九彼十所謂對待之形也天數與

而行終始也

河圖五位相得圖

旁注 參伍（疏）參伍如卦圖一與六伍二與七伍三與八伍四與九伍是也

旁注 對待（疏）對待如卦圖中三天與四九對

地數各得其五此謂一成之數而百千萬億無窮之數由此而推也天數地數各得其五合二五而成十蓋有五即有十猶有一即有二陰陽自然之道也故有天之一即有地之六有地之二即有天之七有天之三即有地之八有地之四即有天之九有天之五即有地之十此陰陽之數以參伍而齊一者也易曰五位相得蓋此謂也而一六在下則二七必在上三八在左則四九必在右五居中則十亦居中此陰陽之數對待而往來者也易曰五位相得而各有合蓋

二七与三八爲朋是也

謂此也以其參伍而齊一故一奇一耦燦然而不紊以其對待而往來故奇耦之間一闔一闢潛然而自應此生成之所從出也天一生水而地六成之地二生火而天七成之天三生木而地八成之地四生金而天九成之天五生土而地十成之一生一成皆陰陽交媾之妙二氣相交而五行兆焉降於九天之上升於九地之下周流六虛無有休息始而終終而復始無一息不流行則無一息不交媾當其無而其體渾然已成當其有而其體秩然有象聖人因河圖之

少陽⚎ 太陰⚍ 太陽⚌ 少陰⚏

乾☰ 兌☱ 離☲ 震☳ 巽☴ 坎☵ 艮☶ 坤☷

象數○而卦體立焉○夫河圖止有四象○而卦成八體者何也○蓋一畫成爻○爻者交也○太始之氣○止有一陽○是名太陽○一太陽一交○而成太陰⚋○是曰兩儀○太陰太陽再交○而成少陰⚏少陽⚎并太陰⚍太陽⚌是曰四象○此河圖之顯象也○四象三交○而成八卦○☰曰乾○☱曰兌○☲曰離○☳曰震○☴曰巽○☵曰坎○☶曰艮○☷曰坤○蓋即河圖每方二數○析之則有八○此河圖之象隱而顯者也○故卦之八○由於四象○爻之三○由於三交○乾坤二卦為母○六卦為子○此八卦之子母也○諸卦自

蔣論八卦本象之体

注 此卦自為一三 疏 六十四卦之乾宮自乾至泰八卦內三爻皆乾則以內三爻為母外三爻為子此子母二識不出此也當占四十八局圖 注參看 補注 卦是先天

乾一兌二離三震四巽五坎六艮七坤八 先天八卦方位次序圖

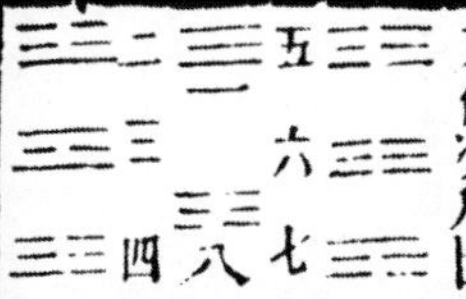

之乾為天廿三分十 疏於四卦而徑存对待兩卦終不出此節數对宮而九均為交之卦占於此可見

爲母三交爲子此一卦之子母也以此此分施造化布滿宇宙之間於是舉陽之乾爲天對以陰之坤爲地謂之天地定位天覆於上則地載於下也此陰陽之一交而成天地者也舉陽之艮爲山對以陰之兌爲澤謂之山澤通氣山載於下則澤受於上也舉陽之震爲雷對以陰之巽爲風謂之雷風相薄雷發於下則風動於上也舉陽之坎爲水對以陰之離爲火謂之水火不相射水火平衡形常相隔而情常相親也此三陰三陽之各自爲交而生萬物者也先賢以此

疏 天地交而得否泰兩卦

疏 山澤交而得損咸兩卦

疏 風雷交而得恒益兩卦

疏 水火交而得既濟未濟

補注

此土之下爲黃泉土 [illegible]

洛書

爲先天之卦。伏羲所定。本於龍馬負圖而作。實則渾沌初分。天地開闢之象也。四象虛中而成五位。此中五者。即四象之交氣。乾之眞陽。坤之眞陰。皆無形。而惟土有形。此土之下爲黃泉。皆坤地積陰之氣。此土之上爲淸虛。皆乾天積陽之氣。而土膚之際。平鋪如掌。乃至陰至陽。乾坤交媾之處。水火風雷山澤。諸凡天地之化機。皆露於此。故中五者。八卦託體儲精。成形顯用之所也。故河圖洛書。同此中五以立極也。河圖雖有四象。而先天陽升陰降。上下初分。未可謂之如故方圖爲宮外之爻不動而內方三爻動此爲用。

後天八卦方位坎一坤二震三巽四中五乾六兌七艮八離九一二三四五六七八九始而終終而始循環無端者也

四方自中五立極而後四極劃然各正其方矣有四方之正位而四維介於其間於是八方立焉統中五皇極而爲九分而布之一起正北二居西南三居正東四居東南五復居中六居西北七居正西八居東北九居正南謂之九疇此雖出於雒書而實與河圖之數符合天地之理自然發現無不同也布其位曰戴九履一左三右七二四爲肩六八爲足其八方之位適與八方之數均齊聖人即以八卦隸之而次其序曰坎一坤二震三巽四中五乾六兌七艮八離九

此則四正四維不易之定位也。數雖起一。而用實首震。蓋成位之後。少陽用事。先天主天。而後天主日。元子繼體。代父爲政也。易曰帝出乎震。齊乎巽。相見乎離。致役乎坤。說言乎兌。戰乎乾。勞乎坎。成言乎艮。一二三四五六七八九者。古今之禪代推移。周而復始者也。震巽離坤兌乾坎艮者。日月之出沒。四時之氣機。運行遷謝。循環無端者也。先賢以此爲後天之卦。昔者大禹治水。神龜出雒。文王因之作後天之卦。豈伏羲畫卦之時。未有雒書。而大禹演疇之時。未有後天卦位耶竊以爲圖書必出於一時而先天後天卦位亦定於一日伏羲但有卦爻而文王始繫之辭耳河圖雒書非有二數先天後天非有二義也特先天之卦以陰陽之對待者言有彼此而無方隅後天之卦以陰陽之流行者言則有方隅矣至其作卦之旨要在於陰陽之互根則一也夫易之道貴陽賤陰則陽當爲主而陰當爲輔而此云陽以相陰者何也蓋陽之妙不在於陽而在於陰陰中之陽乃眞陽也故陰爲之感而陽來應之似乎陰反爲君而陽反爲相

此篇申明河圖雒書先天後天八卦陰陽奇耦自然之理而推原太始無形之氣始於一陽有一陽方有兩儀有兩儀有有四象八卦陰陽奇耦有無形而後有有形有有形而後知無形之氣消與長也於是方知天非廓然者爲天也其

此經言神明之旨也然陽之所以來應乎陰者以陰中本自有之以類相從故來應耳豈非陰含陽乎陰含陽則能生陽矣一則發生之氣皆陽司之則皆陰出之者也剛柔即陰陽陰陽以氣言剛柔以質言易曰乾剛坤柔又曰剛柔相摩八卦相盪八卦之中皆有陰陽則皆有剛柔若以陽爲剛以陰爲柔則宜乎剛生於柔矣而乃云柔生於剛者何也無形之氣陽剛而陰柔有形之質陰剛而陽柔於有形之剛質又生無形之柔氣質生氣氣還生質故曰柔生於剛也

氣常依於有形。而無時不下施。地非塊然不動者為地也。其形常附氣而上升。所以生天地。所以生萬物。皆由此氣。故曰化始。

凡其所以能為相助。能為包含。生生不息如是者。則以陰之與陽。蓋自有其德也。惟陰之德。能宏大夫陽。以濟陽之施。故陽之德。能親順夫陰。以昌陰之化。此陰陽之妙。以氣相感。見於河圖雒書。先後天之卦象者如是。由是則可以知天地之道矣。天地之道。陽常本於陰。而陰常能育陽。故天非廓然空虛者為天也。其氣常依於有形。而無時不下濟。地非塊然不動者為地也。其形常附於元氣。而無時不上升。然則天之氣常在地中。而地之氣皆天之氣。陰陽雖曰二氣。止

姚傳法疏刪

一氣耳。所以生天生地者此氣。所以生萬物者此氣。

故曰化始也。

姚氏傳曰。推原太始之初。一氣無形。天地有象。天地之有其象。無形託體於有形。而天地現由於氣象也。其清升濁降。以有尊卑。而濁能自降自卑。濁中之有其清。有清則自降自卑。清升其兆於濁。而清則自升自尊。天地由此而成。四時有紀。葢物所思源。尊者之濟於下。卑者以行其上。一陰一陽。爲萬化之祖根也。

夫凡物之有。其必有所生。雖生而無成。與不生同。其必有所成。雖成而無生。成之而不成。故無生則不能於成。無成則不能於生。物之能成則物物皆生。以生繼生。則生生不已。而物物皆成。此以清升成天。陽生其氣。濁降成地。陰成其形。天地之成。而五行兆焉。萬物育焉。於是有陽之奇。而必有陰之耦。天地無心。有必顯露於象。所以河圖之數。其形對待。參伍而齊於一也。一六共宗在下。則二七同道。必在於上。三八為朋在左。則四九為友。必在右。五十同途。則居之於中。奇數耦數各五。合十一成。以奇屬陽名天。而耦屬陰

名地天地之數兩均奇耦由於參伍也五位相得各
合故對待往來自應奇耦之間一闔一闢而齊於一
也此一息周流而無終始休息其本無而自生其本
無而自成以天地有生成之造化也聖人因河圖之
象析每方二數成卦有八夫鴻濛未判惟坎離水火
之氣情親故不相射震巽艮兌其清濁之已升降天
地之形欲顯六卦從乾而化坤卦之有萬象皆成所
以乾坤爲六卦之母諸卦三爻自爲母子虛中成位
各自爲爻分施造化乾陽有司運之機坤陰有發生

之質。陰陽一變。以定天地之位也。以陽之震。對陰之巽。木動風生。而雷發聲於下也。以陽之艮。對陰之兌。雲興於山。澤需其上。以能上行下受也。以陽之坎。對陰之離。水火有功。施既濟也。中五立何。坤地之育物。而立其極。由清升陰積於下。濁降陽虛其上。一升一降。變會在中。天五生土。地十成之。土以居中。化機訖土。而得臨制。乾坤以此相見。水火風雷山澤天地之機。皆有所儲精而顯其用也。中五立。以定四方。四維界之。卦體立焉。乾居於南。坤居於北。離排於東。坎列於西天一生水老陰之變少男少男戀母兩意依依艮棲西北而地六成之地二生火生火乃木木傍水生巽位西南而天七成之天三生木木火通明其情自洽震位東北而地八成之地四生金老陽變少女之堅貞少女感之以此相親兌倚東南而天九成之二氣相交所謂陰陽鍾情之妙也其曰戴九履一三七左右二四居上六八在下蓋因九疇以皇極統中分布其位合河圖之數而數與方均齊天一生水以一而起於正北也故序次曰坎一坤二震三巽四中

五乾六兌七艮八離九四正四維一定之位聖人之隸後天八卦符合洛書各成有位爲天主宰相承贊化終始循環少陽王曰代天爲政日月之運氣機而有春榮夏盛秋實冬蟄之遷謝也光華無微不至萬物無處不生所以清陽之天行機儲精顯用於地陰之生受陽之應以能含陽自應曰相陰之能以包含陰中而自有其陽故以剛柔而喻之言天地之爲一體也其陰爲剛質生於氣以陽爲剛氣乃柔物無形於是質有生氣有氣生質故曰柔生於剛也其陰之

為德以能濟陽之施其陽之為德以能昌陰之化陽本於陰而陽之能於自應陰之能於育其陽陽以應陰之感天地之道分而為二為陰陽為對待合而為一為交媾為其體其地不動而天動天動而應地之動無形常依於有形有形附現於無形其一氣化象於天地而天地始成於一氣也

中卷古文作天官篇邱氏作天元金書缺郭氏作神契篇今刪之

經曰天有五星地有五行天分星宿地列山川氣行於地形麗於天因形察氣以立人紀紫微天極太乙之御

紫微天極七政　補注

催官云講天文星也由上文氣以於地形麗於天知借仰觀爲俯察玩下文五星七政是推原天文指明起運之由

有形爲萬物之母

君臨四正南面而治天市東宮少微西掖太微南垣旁照四極四七爲經五德爲緯運斡坤輿垂光乾紀七政樞機流通終始地德上載天光下臨陰用陽朝陽用陰應陰陽相見福祿永貞陰陽相乘禍咎踵門天之所臨地之所盛形止氣蓄萬物化生氣感而應鬼福及人是故天有象地有形上下相須而成一體此之謂化機

傳曰此篇以有形之象爲天地之機而指示氣之所從受也上文既明河圖洛書先天後天八卦之理聖人作易之旨盡於此天地陰陽之道亦盡於此矣然

中五爲皇極。乾爲三德。巽爲五紀。坎爲五行。離爲五福。艮爲庶徵。坤爲五事。震爲八政。兌爲稽疑。此謂九疇。

聖人不自作易。其四象八卦。皆仰法於天。故此篇專指天象以爲言。夫易之八卦。取象於地之五行。而地有五行。實因天有五曜。五曜凝精於上。而五行流氣於下。天之星宿。五曜之分光列象者也。地之山川。五行之成形結撰者也。故山川非列宿。而常具列宿之形。觀其形之所呈。即以知其氣之所稟。夫有是形。御是氣。物化自然。初未及乎人事。而聖人仰觀俯察。人紀從此立焉。木爲歲星。其方爲東。其令爲春。其德爲仁。火爲熒惑。其方爲南。其令爲夏。其德爲禮。土爲鎮木星近日則遲。遠日則疾。火星近日則疾。遠日則遲。土星平行無遲疾。金星水星。附日而行。此五星之大概也。天行一日常一周三百六十度。日亦一日一周。而此天不及一度。積三百六十日而與天會。月一日常不及天十三度有奇。不

星。其方爲中央。其令爲季夏。其德爲信。金爲太白。其方爲西。其令爲秋。其德爲義。水爲辰星。其方爲北。其令爲冬。其德爲智。洪範九疇。所謂敬用五事。嚮用五福。五紀。八政。皇極。庶徵。皆自此出。故聖人御世宰物。一天地之道也。備言天體。則有七政。以司元化。日月五星是也。有四垣。以鎮四方。紫微。天市。太微。少微。是也。有二十八宿。以分布周天。蒼龍七宿。角亢氐房心尾箕。朱鳥七宿。井鬼柳星張翼軫。白虎七宿。奎婁胃昴畢觜參。玄武七宿。斗牛女虛危室壁。是也。四垣。即

及日十二度有奇積二十七日而與日會積二十九日而與天會日之行度始於冬至之日終於大雪之末欽定新凡冬至日纏丑初二度即箕一度是也

四象七政卽陰陽五行之根本其樞在北斗而分之四方爲二十八宿故房虛昴星應日心危畢張應月角斗奎井應歲星尾室觜翼應熒惑亢牛婁鬼應太白箕壁參軫應辰星氐女胃柳應鎭星臨制其方各一七政也渾天周匝雖云四方而已備八卦二十四爻之象矣非經無以立極非緯無以嬗化一經一緯眞陰眞陽之交道也交道維洛而後天之體環周而固於外地之體結束而安於中此元氣之流行自然而成器者也其始無始其終無終包羅六合入於無

此節中言無形之氣不可見。日月五星有象現乎天者可見也。可見之象卽可測。不可見之氣必有依形。地附氣。氣生形。形生氣。形氣相須而生。卽天地萬物生生化化之氣也

間雖名陰陽一氣而已人能得此一氣則生者可以善其生而死者可以善其死地理之道蓋人紀之一端此端既立則諸政以欲應之故聖人重其事其用在地而必求端於天本其氣之所自來也然氣不可見而形可見不可見之氣雖寓於有可見之形形者氣之所成而卽以載氣氣發於天而載之者地氣本屬陽而載之者陰故有陰卽有陽地得其所則天氣歸之天地無時不交會陰陽無時不相見相見而得其冲和之正則爲福德之門相見而不得其冲和之

正卽爲相乘而名禍咎之根禍福殊塗所爭一間艮
足畏也且亦知星宿之所以麗於天山川之所以列
於地者乎天之氣無往不在而日得天之陽精而恒
爲日月得天之陰精而恒爲月五曜得天五氣之精
而恒爲緯至於四垣二十八宿衆星環列又得日月
五星之精而恒爲經此則在天之有形者有以載天
之氣也地之氣無往不在而山得日月五星之氣而
恒爲山川得日月五星之氣而恒爲川此則在地之
有形者有以載地之氣也列宿得天之氣而生於天

列宿與天爲一體也山川得地之氣而生於地山川與地爲一體也萬物之生於天地何獨不然夫萬物非能自生借天地之氣以生然天地非有意於生萬物萬物自有地焉適與天地之氣相遇于窅冥恍惚之中夫有所沾濡焉夫有所絪縕焉夫有所苞孕焉遂使天地之氣止而不去積之累之與物爲一乃勃然以生爾地理之道必使我所據之形足以納氣而氣不我去則形與氣交而爲一必使我所據之地足以承天而天不我隔則地與天交而爲一夫天地形

姚傳 傳疏刪

氣既合而爲一則所葬之骨亦與天地之氣爲一而死魄生人氣脉灌輸亦無不一福應之來若機張審括所謂化機也不然蓄之無門止之無術雖周天列宿炳耀中天而我不蒙其照雖天地陽和滂流八表而我不沾其澤天爲匡廓地爲稿壤骨爲速朽子孫爲寄生我未見其獲福也可不愼哉可不愼哉

姚氏曰天地無私凡其所有則不藏其所有者惟氣雖不藏而甚秘以氣之不可見所可見而皆形也曜宿星辰有形凝天之精山川有形成於地之五行列

宿星辰得曜之光江河諸山分關嶽瀆之脉而星宿山川之有形御天地之一氣也上下相映氣象萬千氣之所禀物之自化古聖人推原其道三才卓立於斯焉矣天地無偏陰陽齊一物成於自然之理山川動靜陰陽流露之形何以嶽有廣聚長離麗農廣野列於四方崑崙居之於中瀆惟渤漲青瀚嶽有其五瀆止於四海之無中嶽多其一若無崑崙而有中海必至嶽又少一豈非天地相偏陰陽之不齊乎蓋因一氣之化其有天地陰陽而天地相配陰陽合化化

由天地之配合也夫天地之不配合不合不化則萬物無生無育此以歲星熒惑太白辰星布之四位鎮星居於中央日月五星共秉天政運行其間各有四宿協應分施造化其天市垣繞蒼龍七宿太微垣分朱鳥七宿少微垣匝白虎七宿紫微垣環玄武七宿列宿布於四周臨制其方星宿得天之氣垂象於上而四瀆滂流內峙五嶽山川得地之氣形呈於下二十八宿環外東天之氣地氣之收外繞萬水天地陰陽之氣以其運化於中也所謂天有九星地有九宮

天地相齊。故嶽瀆之不並列。而大禹濬疇。鑄九鼎。分九州。其符合天地之大象也。非經則坤母不育。非緯則乾父不生。因天地配合。陰陽相得。所以山川具列宿之形。星宿按山川之分野。此一氣上下往來。無終始。無休息。八荒遍及。無微而不至。地體得固於中。氣御有所。萬象之形。而能自成也。天氣之流地。地以載有其氣。物與類聚。氣動不藏。託陰顯陽之用。固然有形皆陰。坤為地。乾陽之氣無形。而無形之氣自來御於有形者。天氣本兆於地陽。以下朝於陰。陰有其形。

成於無形之陽氣陰之上應其陽陰陽無時不相見故天覆其上地載於下天地陰陽之氣上下交會著生萬物自化於天地之中而人有其形得天地之氣爲君子爲小人嘆浮生之倏忽也氣歸於天形沒於地物物歸原於是天地之氣用之無盡得此冲和之正雖在其形已死在氣猶生生者以得營其生而春滿乾坤物之不得而沾其形既死惟朽而已物之無根枝本未有不枯者也生者以致爲寄生死生禍福所爭見乘之一間至於相乘乃物非陰陽之相乘也

其陰陽有自然之情以此嶽瀆江河諸山聚地之氣上行成天之象而曜宿星辰凝天之精下濟成地之形緣天地之如此日月亦同之月本無光日光與之始明日能與月之光月能受日之光猶天之星宿地之山川互相麗氣現象託體顯機天道之法地地道之法天其天地之共一氣也蓋形之有氣之所為形以蓄氣骨乃氣之餘能同天地合之於一氣而福及後人者以子孫由於骨氣之出也其曰陰德弘濟陽德順昌又曰五德為緯地德上載天地惟重於德能

體天地之道而天地必合其骨於一氣也上文以言天地始成之道此篇詳明天象山川相應之理曰化機

下卷 古文作叢辰篇

天爲萬物之形地爲萬物之體萬物之榮枯變化原其終始都始天而成乎地也

經曰無極而太極也理寓於氣氣囿於形日月星宿剛氣上騰山川草木柔氣下凝資陽以昌用陰以成陽德有象陰德有位地有四勢氣從八方外氣行形內氣止生乘風則散界水則止是故順五兆用八卦排六甲布八門推五運定六氣明地德立人道因變化原終始此之謂化成

徐藍衣謂讀青囊經具綱領論陰陽五行八卦之氣寓之於地來之自天會學輿語分條自論陰陽五行八卦之氣方位既定衰旺斯判

傳曰此篇申言形氣雖殊而其理則一示人以因形求氣爲地理入用之準繩也易曰易有太極是生兩儀太極者所謂象帝之先先天地生能生天地萬化之祖根也本無有物無象無數無方隅無往不在言太極則無極可知後賢立說慮學者以太極爲有物故申言以明之曰無極而太極也大而天地細而萬物莫不各有太極物物一太極一物全具一天地之理人之太極物物皆具則地理之道思過半矣理寓於氣氣一太極也氣囿於形形一太極也以至日月

星辰之剛氣上騰以剛中有太極故能上騰山川草木之柔氣下凝以柔中有太極故能下凝資陽以昌資之以太極也用陰以成用之以太極也太極之所顯露者謂之象而所宣布者謂之位地無四勢以太極乘之而命之爲四勢氣無八方以太極御之而命之爲八方勢與方者其象其氣而命之爲勢爲方者其極極豈有定耶則勢與方亦豈有定耶四勢之中各自有象則八方之中亦各自有氣然此諸方之氣皆流行之氣因方成形只謂之外氣苟任其流行而

翁 翁上聲，盛貌。出周礼天官酒正注。盎猶翁翁也，盛而翁翁然。

略注 四象生八卦 疏 因而重之，而為六十四卦，八卦而六十四卦也。

無止蓄則從八方而來者還從八方而去千山萬水
僅供耳目之翫如傳舍如過客總不足以濟發靈機
滋荄元化必有爲之內氣者焉所謂內氣非內所自
有卽外來流行之氣於此乎止有此一止則八方之
行形者皆招攝翕聚乎此是一止而無所不止於此
而言太極乃爲眞太極矣無所不止則陽無所不資
陰無所不用而生生不息之道在其中太極生兩儀
兩儀生四象四象生八卦萬事萬物胚胎乎此前篇
所謂形止氣蓄萬物化生蓋謂此也然但言止而不

申明所以止之義。恐世之審氣者。茫然無所措手。故舉氣之最大而流行無間者曰風。曰水。夫風有氣而無形。稟乎陽者也。水有形而兼有氣。稟乎陰者也。然風稟乎陽而陽中有陰焉。水稟乎陰而陰中有陽焉。二者皆行氣之物。氣之陽者。從風而行。氣之陰者。從水而行。而行陽氣者反能散陽。以陽中有陰也。行陰氣者反能止陽。以陰中有陽也。大塊之間。何處無風。何處無水。風原不能散氣。所以噓之使散者。皆病在乎乘。水原不能止氣。所以吸之使止者。妙在乎界。苟能

八門即指水口

排六甲佈八門顛之倒之縱之橫之極無定體隨時而在者也

五運詳載地理陰陽合箇蔡君卷上第四葉五子分元飛吊法內

明乎乘與界之爲義審氣以定太極之法概可知矣上文反覆推詳皆泛言形氣之理至是乃實指地理之用於是總括之全焉順五兆以五星之正變審象也用八卦以八方之衰旺審位也排六甲以六甲之紀年審運也布八門以八風之開闔審氣也地理之矩矱盡於此矣推五運以五紀之盈虛審歲也定六氣以六氣之代謝審令也謹歲時以扶地理之橐籥盡於此矣如是則太極不失其正而地德可明然聖人之明地德也非徒邀福而已蓋地之五行得其順

姚傳法疏刪

則人之生也。五德備其全。而五常順其性。聖賢豪傑。接踵而出。而禮樂政刑。無不就理。豈非人道自此立乎。然此亦陰陽變化自然之妙。雖有智者。不能以私意妄作。夫亦深知其所以然。因之而已。夫卜地葬親乃慎終之事。而子孫之世澤。皆出其中。則人道之所以終。即爲人道之所以始。然則斯道也者。聖人開物成務。無有大於此者也。謂之化成。宜哉。

姚氏傳曰。天地成象。其有龍馬負圖。繼之神龜出洛。而伏羲因之畫卦。大禹由於演疇。古聖人得明陰陽

之理。以此養生治世。其出天地示象之至德也。而古
聖賢體天地之道。著書傳流。爲濟世之津梁。其上二
篇。言陰陽河洛五行先天後天八卦之旨。已盡。此篇
復以形氣之理。剖析言之。而雖知由太極化天地。慮
人之詳其必有生太極之物。首曰無極而太極也。此
云大極之外。則無他物矣。而字遞下之意。其天地山
川萬物。以至毫髮千鈞。莫不寓有於太極。而日月星
辰之運。物之行止。奔騰。由固有太極之如此。其山川
之動靜。草木之異。姓。兼於剛柔色味。因寓有太極之

如此而剛陽之氣既已上升為天又能其資下施柔陰之已下降為地得天之資復能昌陽之化顯用其上以圓有太極之如此太極既化有象必宜有其位無定無限無有不鍾無有不至為之極以勢布方因方成形太極之有所從依本無其勢亦無有其方以太極之從依而為之四勢八方所以四勢有象八方各自有氣氣以成形形之有以圓於氣氣之有其寓於形形有氣之不寓非氣之我去由於形之不圓氣自流行於外仍從八方而去形氣之無沾濡形亦虛

具之為形氣亦空自之為氣胚胎之由而從何如輕雲之出若岫浮於青空任風移蕩飄之四散以供一覽而已而形之能圍其氣氣亦寓之於內在八表之行形其能招攝凝聚由斯陽陽濟於資陰顯其用以得生生之妙而無休止矣既然形之已圍其氣氣亦寓之於內何以必水界則止蓋因自能流行且不可間者風之與水二物皆能行氣天地陽和何時何處無風無水苟無水之所界氣之雖寓於形而如過客夫風中固然有陰其在無形為陽氣以從行風由木出

木枝周分爲此風性輕浮不常不定以四散氣欲止而風欲行必撓之隨氣從以不自由四散而去非氣之自欲如此以從輕浮之風亦是不常不定而水生於金有形屬陰陰中而自有陽性動沉靜有定氣得水吸風之不能相撓者木賴水爲託命復又畏金之剋其情有賴有畏以水之吸其氣氣不從風而得自由自止風自爲風氣自爲氣任風自來自去非水之能界其氣實由可郄卻其風風之其能四散風中之有太極也水之能郄卻其風水中之有太極也形之能郄

其氣。形中之有太極也。所謂物物皆具有一太極也。而定太極之法。盡於此。下明其用辨五星之象。或正或變。察八方之位。有生有剋。排六甲以詳運之過未。入風之來去無定。須審開闔之不一。推歲之五運。定時之六氣。分其旺衰也。而陰陽相扶之妙包括已全矣。曰明地德。德爲天地之所重。此言明於太極之理。卜地如法。其出英俊豪傑。治世格物。名垂天下後世。以昭爲德之報。立人道。乃云人生於世間。凡有所爲三才之道則相同。因變化者。人死皆葬於地。行德者。

直解 法疏刪

後人繁衍爲賢爲宰由陰陽變化之妙原終始而天地尚能化顯其後以揚其名有始終成全之德謂之化成也

〔直解〕上卷推原無形之氣爲萬物生生之始中卷因有形之象推測無形之氣一形一氣萬事萬物不能逃其變化出其範圍此卷兼形兼氣并兼理而言實指地理之用也斯理雖本洛書實則變易不一錯綜無定隨氣運行隨時而在者也苟非師師相授雖窮年皓首斷不能窺其巔末讀者莫輕視而忽之

終

地理辨正再辨直解合編

杜陵蔣平階大鴻補註　門人　臨安于鴻儀　較正

會稽姜垚

桐鄉姚銘三　再註　無心道人增補　直解

青囊序　唐曾求巳公安甫著

楊公養老看雌雄。天下諸書對不同。楊公二句解。謂楊公以察地養老。其法唯看山水卦體氣配雌雄。所以與天下諸地理書皆對不同也。

雌雄者。陰陽之別名。乃不云陰陽而云雌雄者。言陰陽。則陰自爲陰。陽自爲陽。疑乎對待之物。互顯其情者也。故言陰陽者。必言雌雄。觀雌則不必更觀其雄。而知必有雄以應之。觀雄。則不必更觀其雌。而知必有雌以配之。天地者。大雌雄也。山川。雌雄中之顯象者也。地有至陰之氣。以招攝天之陽精。天之陽氣。日下交乎地。而無形可見。止見其草木百穀。春榮秋落。蛟龍虫豸。升騰蟄藏而已。故聖人制婚姻。男先乎女。亦以陰之所在。陽必求之。山河大地。其可見之形。皆陰也。實有不可見之陽以應之。所謂雌雄者也。故地理家不曰地脈而曰龍。神言變化無常。不可以跡求者也。青囊經所謂陽以求陰。陰以含陽者。此雌雄也。所謂陽本陰。陰育陽者。此雌雄也。所謂陰用陽朝。陽用陰應者。此雌雄也。所謂資陽以昌。用陰以成者。此雌雄也。楊公得青囊之秘。洞徹陰陽之理。晚年其術益精。以此濟世。即以此養生。然其中秘密。惟有看雌雄之一法。此外更無他法。夫地理之書。汗牛充棟。獨此一法。不肯筆之於書。先賢口口相傳。間世一出。蓋自管郭以來。古今知者不能幾人。既非聰明智巧可能推測。又豈閱覽博物所得。與聞會者一言立曉。不知者累牘難明。若欲向書卷中求之。更河漢矣。故

姚傳注疏删

曰天下諸書對不同也。曾公安親授楊公之秘。故其所言深切著明如此。彼公安者。豈欺我哉。

姚氏曰。首句云看雌雄。一部辨正始終惟爲雌雄二字。何以曰看其要惟在看也。非指臨地而看。叮嚀學者。細看書中之意。其陰有質有氣。以應陽陽氣朝於陰。陰於顯陽之有形。此以陰中有陽陽中有陰。若言陰陽則疑乎各自有其物。故云雌雄。雌雄如有如無。雌雄似分似合。若以爲無。山水俱皆有跡。若以爲有。山水用在無形。雌雄分而爲二。陰陽豈可折開。雌雄合而為一山水現具兩形合中似乎欲分分之不易分中似乎欲合合之甚難雌雄之有有如無用雌雄之無無如有用以無而為無用用之何所以有而為有用用之為僞雄出乎雌柔生於剛也雌出乎雄陽生於陰也而普天之下盡是山水蒲眼之中都是雌雄合而分分而合有若無無若有雄生雌雌生雄顛顛倒倒與與玄玄故以金龍比之隱現變化無端使人不能而測辨正章句盡是如斯所以全憑眼力看出天地一大雌雄也古今所有地理之書與青囊三

直解悖疏刪

卷載之對之皆不能同耳

直解雌雄者陰陽交媾之情交媾者天地陰陽化生萬物之氣也善言陰陽者必言交媾善言交媾者必言雌雄如舍雌雄交媾而言陰言陽則天不生地不成陰自爲陰陽自爲陽毫不相涉者也世俗諸書但知有地而不知有天皆因天之氣無形可見地之形有跡可尋耳善看雌雄者以有形可見之地測無形可見之天再以無形可見之天合有形可見之地也夫所見者在地而必求端乎天

下截第六行先看金龍二句解。謂先看各地稟天之金龍陽氣。或動而成形象。與否。次往成形地之出水口岸上。把羅經照察小水交大一路分水脉脊。是從屬何方。方。是我向對之方某卦。非我陽懷抱方某。金龍動。是氣動而成形。先看金龍動不動。

(補注)曾公安卷第一頁。先取金龍動。可見曾

者何也。本其氣之所自來也。地有至陰之氣。以招攝天之陽精。天之陽氣日下交乎地。而無形可見。只見草木百穀。春榮秋落。蛟龍虫豸。升騰蟄藏。是氣不可見而形可見也。以不可見之氣。即寓於有可見之形。因可見之形。即不可見之氣亦可見矣。天依形。地附氣。運行化育于冥冥之中。不見而彰。不動而變。無為而成。即楊公所謂看雌雄者也。

以認識何方來龍。

先看金龍動不動。（暗指山雌言。）次察血脉認來龍。（暗指水雄言。）（血脉。是水路之喻詞。）

此以下。乃言看雌雄之法也。金龍者。氣之無形者也。

龍本非金。而云金龍者。乃乾陽金氣之所生。故曰金龍。動則屬陽。靜則屬陰。氣以動為生。以靜為死。生者可用。死者不可用。其動大者。則大用之。其動小者。則小用之。此以龍之形象言也。形象既得。斯可辨其方位矣。血脈即金龍之血脈。非龍而實龍之所自來。所謂雌雄者也。觀血脈之所自來。即知龍之所自來矣。察。察其血脈之來自何方也。知血脈之來自何方。即可認龍之來自何方矣。此楊公看雌雄之秘訣。而非世人倒杖步量之死格局也。〇俗註辰戌丑未四金惡煞為金龍者非

姚傳法疏刪

直解法疏刪

姚氏曰因看雌雄之法以龍爲金乾屬金而爲天言山水形成在地由天合生乃天生地成也所以陰用陽朝陽用陰應而山水旣是天生地成皆可取用吉凶何辨故須察其動否動處甚多何以辨之須察動於何處如何動法因乎必欲其動而後可用動則爲陽陽主吉也乃易中貴陽賤陰之意耳然陰中自有其陽未嘗不吉不貴故六十四卦同有休咎焉

直解看卽看無形之氣無形之氣化育萬物千變無窮故名之曰金龍動不動者卽氣之盈虛消長

下截第四行龍分兩片二句解。謂取龍固分土雌陰形水雄陽氣兩片。霑龍察脉則專對支水口現三叉

龍分兩片陰陽取 補注

龍必有兩片。一爲領龍之順水。一爲到局之逆水。今本浙人請以浙論。杭城龍自天目來。以山徽湖趨東南一支爲順水。從海中龕赭兩山夾。其一線怒濤趨小尖山過海昌至錢塘一支爲逆水。至臨安溪及西湖爲

陰陽往來也。察者察也。即察無形之氣消與長也。知氣之消與長。即可認金龍之得與失矣。得爲動。不得即爲不動。非山行水曲之動不動也。

形處細認其爲何字蹤迹。以便照字尋龍。如子字丑字之類是。

按三叉即前頂解所謂小水交大一路分水脉脊處也。

龍分兩片陰陽取。水對三叉細認蹤。

兩片即由雌水雄。三叉即交水出口處。

兩片即雌雄。陰在此。則陽必在彼。兩路相交也。三叉即後城門界水合處。必有三叉。細認蹤即察血脉以認來龍也。知三叉之在何方。則知來龍之屬何脉矣。

俗註以兩岸爲左旋右旋。以三叉爲生旺墓。非。

姚氏曰。凡物之求有以。蓋陽之必求於陰者。施化則

前龍水之江爲固局水
至過垣中爲有之水取嘉
興城以石門塘一支爲順
水以海鹽塘自東南趨
西北一支爲逆水至長水
塘陳浦塘一水別爲爲
垣水海鹽城自古爲花涯
浦謙東南塘一支爲順
水以峽石東東過嶼城一
支爲逆水至海水惟取
爲垣而已印外勢橫形是
也術家謂鹽城自奉
駐山發脉浩海塘爲氣
出驗之於山不若驗之
於水更爲便捷也大地
都此兩脚中下之地亦必

有所托而水爲動物陽來陰以附陰由含陽能育既云含陰之一片分開於是合成三叉然陰非覺分故有龍到頭如陰不外分合內氣之後空無據言含者口內之水點滴皆是精液所以一片未嘗不是兩片兩片仍然一片其曰細認踪也

姚刪 直解山一片水一片空一片實一片來一片往一片來有來之用法往有往之用法故云龍分兩片陰陽取也空一片即天一片天運循環元氣流行消長不一往來無定全憑心法趨其將來避其以

有山兩片。惟此一片屬陽卦。則彼一片必屬陰卦。是為陰陽取也。

水对三叉細認宗（補注）三叉，濟水口也。如遇合修大地，可將元運圖橫看。註將四十八局圖竪看。清水來龍，自然配合。不爽毫釐。其實不外天地定位一文廿四宗數語。青囊經篇備固已備詳發明，但只將八卦立說，不肯說明廿四卦。取此節陰陽二字。以乾震坎艮為陽。以坤巽離兌為陰。

往。來者爲動爲陽。往者爲靜爲陰。此分空一片之兩片也。實一片。卽地一片。地有背面生死起伏行止。須憑眼力。識生棄死。去背就面。面者爲陽爲生。背者爲陰爲死。此分實一片之兩片也。三叉卽水口。細認蹤者。細認山上水裏之玄空得與失也。知得與失。方知察血脈認來龍之法矣。

江南（山雌）龍來江北（水雄）望。江西（山雌）龍去望江東（水雄）。

此所謂兩片也。金龍本在江南。而所望之氣脈反在江北。金龍本在江西。而所望之氣脈反在江東。蓋以

江南龍來言 補注 承上

文兩片一氣之一片欲龍

血脈順水從江南而來

再去江北望那一片到局

逆水之水而龍可去矣

佳疏刪

有形之陰質求無形之陽氣也楊公看雌雄之法皆

（空虛俗指玄空卦爲言）從空處爲眞龍故立其名曰太玄空雖云兩片實一

片也

江南二句解　謂看得江南西大幹龍來去處一片土雌陰形倒

北東小支水交大處一片水雄陽氣以之爲眞龍而

口到頭結穴且平洋城邑鄉村陽宅皆取

望江逆入小空龍

俗註江南午丁未坤爲一卦江北子癸丑艮爲一卦

（但所倚水局支幹大小不同耳）

共一父母江西申庚酉辛戌乾亥壬爲一卦江東寅

（此解未說到以卦看山水雌雄上尚屬不詳因再解之釗於）

（此葉第二板頂上）

甲卯乙辰巽巳丙爲一卦共一父母兩卦之中互相

立向者非

姚氏曰山水生有一定而無一定之用故以龍喻猶

言雖已成龍而有冬夏之論冬則潛伏不動夏則興

江南二句再解
謂看得江南西大幹龍來去處一片土雌陰形可擡倒望江北東小支水交大處一片水雄陽氣之脈脊上屬何卦氣如係一坤便知到頭擡穴非立一坤山九乾向九乾山一坤向則立四巽山六艮向六艮山四巽向但未詳悉山頭形勢立何山向爲安耳因還往俯察既隨形勢定某山向矣卦之山水配雌雄矣而猶必審其時可下否可則下之否則待之是楊訣雖以分卦之山水雌雄兩片爲體卒以乘卦之旺氣一片爲用也

騰變化不動主陰而動主陽蔣公以將生死言之莫以概謂是龍皆可取用耶論龍有資質天資無形地質可見產物者地因得天資也所以江南龍反望江北之氣故江西龍去望江東如質無氣則死資質相兼則顯用此陰之必求於陽也雖在氣爲動物而春發秋收豈非氣之所爲其動時有一定故三才之道貴在於時所謂時不可失耳非如三合書中止知論地不知有天何異獨有其母而無其父所以爲之僞書矣

法疏刪

補注此瀍澗二水二句借証總括上文也瀍澗二水即龍分兩片也交即乙又也華嵩金龍之所自也陰陽動不動也觀流泉察血脉也然形宗合……豈不外灵城精義山……

直解江南江北江東江西即陰陽顛倒顛顛察血脉認來龍之意上節雖云兩片實一片也金龍之兩片即已往一片將來一片蓋彼來則此往此往則彼來有來自有往有往自有來來極則往往極則來來即往之始往即來之源何來兩片耶

是以聖人卜河洛瀍澗二水交華嵩相其陰陽觀流泉卜年卜世宅都宮

此即周公卜洛之事以證地理之道惟在察血脉認來龍也聖人作都不言華嵩之脉絡而言瀍澗之相

形水中出。水成形山上出。二語。

朱雀發源句解。要看乾坤法竅卷上廿四五葉以水為朱雀者。及朱雀源於生氣之主自明

交。則知所認之來龍。認之以遷澗也。又引公劉遷豳。相陰陽觀流泉以合觀之。見聖人作法。千古一揆也。

姚氏曰。此言地學之道。自古聖人作用。亦是此理耳。

〔直解〕上文所云。察血脉認來龍。對三义細認踪者。楊公恐人不信此訣。特引聖人之相陰陽觀流泉。以證千古一法也。

晉世景純傳此術。演經立義出玄空。朱雀發源生旺氣。是水龍之生旺氣。與山龍不同。一一講說開愚蒙。

推原玄空大卦。不始於楊公。蓋郭景純先得青囊之

秘演而立之直追周公制作之精意者也乃其義不過欲朱雀發源得生旺之氣耳來源既得生旺卽是來龍生旺而諸福坐致矣來源若非生旺則來龍亦非生旺而禍不旋踵矣景純當日以此開喻愚蒙其如愚蒙之領會者少也

俗註龍取生旺之氣於穴中水取生旺之氣於穴前又指氣之生旺爲長生帝旺墓庫合三义者非

姚氏曰朱雀發源其氣固旺亦須詳其所以而後可用古之聖賢因知至理故言生旺若不參明旺能爲

性蹤刪

一生三兮云　補注一奇二偶而成三。而百千萬成之數。皆始於此。

山管山兮云一句　補注與四十八局圖說參觀。山地收峯法。蹤照天玉經四位一般。并注下。

朱宗謨曰。與龍穴

衰也。

【直解】上二句。推原挨星之法所自來。下二句。詳言向首一星之妙用。

一生二兮二生三。三生萬物是玄關。山管山兮水管水。此是陰陽不待言。

（陰陽指衰死生旺而言）（山指來龍與向）（水兼來與消論）

陰陽之妙用。始於一。有一爻即有三爻。有一卦即有三卦。故曰一生二。二生三。此乃天地之玄關。萬物生生之橐籥也。又恐人認山水爲一。而不知辨別。故言山之玄關自管山。而水之玄關自管水。不相混雜。蓋

砂水並不曾羞氣之未有龍氣至山而聚其為穴砂其所以衛穴砂抱而收穴生水其所驗氣水界而收氣也蔣子美意奔放未免言太而虛

山有山之陰陽而水有水之陰陽爾通乎此義則世之言龍穴砂水者眞未夢見矣

俗誌生旺墓三合爲玄關者非

傳　删

姚氏曰卦有一爻卽有三爻人所知之有一卦卽有三卦何以有一卦必用三卦立局方爲合格則知者鮮矣今注及此節略述義經大旨而地天泰卦外三爻純陰內三爻純陽外不善且陋德存於內故大忠似佞從乾而陽爲君子天地否卦陰三爻居內陽三爻在外外華令飾內存不仁所以大奸如忠從坤而

下板生山來水去衰死取生旺其生旺有分別生山以生旺為生旺來水以衰死為生旺能知時而用河洛之數則山水兩分之生旺自無不得矣

陰爲小人也既陰不仁造物即不應化此其無小人不顯君子之德化其無君子小人自恃凶險必至於極極則自相而殘滅化之則民生君子化恃何理法也不順命則法懲以陽非盡善小人畏法凶消無凶則吉而陰非盡凶何法懲不怨蓋君子小人之所可共者惟理也由此上惠其澤於下下能濟上之施若君子失政小人亦無忌憚雖加與法不能服其心則上下自疎其成陽孤陰獨也不但有君子小人之分尚有質性不同得失不共此以山水各有立關而重

殺。降也。減削也。衰旺。衰，小也。減也。殺也。微也。弱也。旺也。耗也。旺。光美也。盛也。孤虛為王相之反。知其衰旺一句。補注：以衰為旺。一白坤卦龍旺。乾卦水旺。為天地定位。二黑兌卦龍旺。大壯水旺。為雷風相薄。二碧晉卦龍旺。需卦

於卦理也。

前〔直解〕一極於四。三極於九。故數始于一而終于九也。蓋天所覆。地所載。萬事萬物。不外乎此。是謂玄關。山管山。水管水者。山有山之陰陽五行。推其順逆生死。水有水之陰陽五行。推其順逆生死。蓋山自為山。水自為水。故云陰陽不待言也。

識得陰陽玄妙理。知其衰旺（俗借此為凡物之始盛皆曰旺。如興旺。盛旺。）生與死。不問坐山與來水。但逢死氣皆無取。

此節暢言地理之要。只在衰旺（盛也）生死之辨也。衰旺有

水旺。為水火不相射。器
萃卦龍旺。大畜水旺。
為山澤通氣。五黃或
龍與水相對。或有二水夾
對。合五合十。是也。否。白剝
卦龍旺。夬卦水旺。為四
又對。七赤。比卦龍旺。大
有水旺。為小七七對。六白。豫
卦龍旺。小畜水旺。為
六對九紫。否卦龍旺。
泰卦水旺。為一九對。此
初學之門之法。神而明
之更有進。不當與三
四圖參看。
建補主運九卦　八
坤主一運。升主二運。明
夷主三運。臨主四運。

運生死乘時陰陽立妙之理在乎知時而已。坐山有坐山之氣運。來水有來水之氣運。所謂山管山水管水也。二者皆須趨生而避死。從旺而去衰。欲識得此理。非真知河洛之秘者不能。豈俗師所傳龍上五行收山。向上五行收水。順逆長生之說所能按圖而索驥者乎。

姚氏曰。坐山與水。各有卦氣。故有不同。而不同之中。又有同。然又有衰能爲旺。旺能爲衰之不同也。（此一句言來水不同於坐山之實）

直解　此節承上文看金龍分兩片而言也。立妙是謙主六運。師主七運。
復主八運。泰主九運。

補注此下
先天羅經一節的要暢
說卦理作用。都係重貴
的是十四卦說的。故於此外
先的羅經二十四字提出
說來。借他作個引子。是
子母孫也。而其中實有公母
的在內。故的注有識俾
子的公孫云云。

陰陽往來之立妙。生死。是氣運消長之生死。氣運消長之生死。蓋以當元者為旺。將來者為生。方去者為衰。去已久者為死。下二句總言上山下水之趨避。

先天羅經十二支。後天再用干與維。八干四維輔支位。子母公孫同此推。

羅經二十四路。已成之跡。人人所知。何須特舉。此節非言羅經。制造之法。蓋將羅經直指雌雄交媾之玄關。以明衰旺生死之作用耳。十二支。乃周天列宿之崔止齋曰。說六十四卦。原只說得八卦。[illegible]就收八卦翻來倒去。便成六十四卦。程子謂邵子皇極經世。是加一倍法。要去加一倍法。即因而重之之注脚也。

十二次舍。故曰先天地道法天。雖有十二宮。而位分八卦。每卦三爻。則十二宮不足以盡地之數。故十干取戊已歸中以爲皇極。而分布八干爲四正之輔佐。然猶未足卦爻之數。遂以四隅四卦補成三八。於是卦爲之母。而二十四路爲之子焉。卦爲之公。而二十四路爲之孫焉。識得子母公孫。則雌雄之交媾在此。金龍之血脉在此。龍神之衰旺生死。亦盡乎此矣。俗訛子寅辰乾丙乙一龍爲公。午申戌坤辛壬二龍爲母。卯巳丑艮庚丁三龍爲子。酉未亥巽癸甲四龍

卦圖指六十四卦。

子母公孫。指先後天八卦及羅經二十四山而言。

二十四山二句 補注恨不中の郵

爲孫非。

註刪

姚氏曰。天地由化而成。若不化則無陰陽矣。所以八卦二十四路。亦必如之。卦既可爲母爲公。豈有二十四路不可爲子爲孫耶。仍言卦理非云羅經始制之由也。

法刪

直解上二句。言二十四山不易之定位。下二句分析八干四維十二支之子母公孫。十二支之子母公孫既分。則某爲公。某爲孫。某爲子母。都在于斯。此節隱言繪。挨星圖之始中終。不離陰陽交媾一法。

二十四山分順逆。共成四十有八局。五行即在此中分

之布二十四山而成四十八局可推也四十八局圖注見卷首

五行即在二句 補注：青囊經注：天一水、二七火、三八木、四九金、五十土是也。陰陽即青囊經所傳，季陽之乾為天，對以陰之坤為地，天干之卦就是也。

陽從左邊二句 補注：自乾至復為陽，從左轉；自姤至坤為陰，從右轉。於天干卦中，陰季和對兩卦，各於子一陰一陽至用爻之法，反及卦之陰陽爻之順逆。

建述順逆子共四十八局起法及作二十四山分順逆十節淺解

祖宗卻從陰陽出，陽從左邊團團轉，陰從右路轉相通。

此書卷三第十葉第二版頂上起

有人識得陰陽者，何愁大地不相逢。

此一節申言上文未盡之旨也。子母公孫如何取用？蓋二十四山止應二十四局，而一山之局只有順逆不同。如有順子一局，即有逆子一局，一山兩局，豈非四十八局乎？此局得何五行，則龍神得何五行，五行不在此中分乎？然五行之根源宗祖，非取有形可見有蹤可尋乎？二十四山分五行，乃從玄空大卦雌雄交媾之真陰真陽分五行也。論至此，玄空立卦之義

疏：此說破不要在有形有迹之五行上分五行。疏：有何大卦小卦之分耶。

子從過眼法取之，於此四字換作二十四卦四字，則自易了者。

則更有說宜玩首卷末卷。

幾乎盡矣。而又恐人不知陰陽爲何物。又重言以申明之曰。如陽從左邊團團轉。則陰必從右路轉相通。言有陰卽有陽。有陽卽有陰。所謂陰陽相見雌雄交媾。玄空大卦之秘旨也。言左右。則上下四旁皆如是矣。此卽上文龍分兩片。江南龍來江北望之意而反覆言之者也。其奈世人。止從形跡上著眼。不能領會玄空大卦之妙。故又發嘆曰。有人識得此理者。乃識眞陰陽。眞五行。眞血脉。眞龍神。隨所指點。皆天機之妙。何愁大地不相逢乎。若不識此。雖大地當前。目迷五色未有能得其眞者也。

俗註陽龍左行爲順。陰龍右行爲逆。陽亥龍左行爲甲木。陰亥龍右行爲乙木之類。非。

姚氏曰。順推之局。旣有逆排之局。豈無因分順子逆子。二十四山。謂之四十八局。此五行者。玄空卦論大五行。分局中龍神之屬。故五行祖宗。非尋於形跡而地理必言陰陽相見者。和山水生死之氣。山水生死各別。乃陰陽之氣不同。然情所最親。又莫若於陰陽。陽之從左邊團圍轉。以求陰之所在。陰感應陽之求陰。則從右路轉相通。一求一應。陰陽相得。而雌雄交媾。山水生死氣和。致成大地也。

〔直解〕分者卽分兩片也。兩片者。一顛一倒。一往一來。一順一逆也。分得順逆顛倒。自然共成四十有八局。然分作四十八局何益。蓋九星流轉氣運循環。八卦九宮。卽從此而轉。順者順。逆者逆。故曰此中分。但五行之根源宗祖。非取有形可見有跡可尋。二十四山所分之五行也。要從大玄空卦中求天心之一卦。流動九宮。則甲癸申非盡貪狼而與貪狼爲一例艮丙辛非盡破軍而與破軍爲一例此即所謂星辰流轉要相逢順逆在此中分也知此則一定之氣可求而得一定之用法亦可求而得一卦之氣既可求而得豈非下卦起星之根源宗祖耶要在未立向以前將水之去來山之入首四面八方仔細看到排定方位後用挨星之法審其某水合某水不合某山合某山不合另尋別向挨到處處合時合運補救直達兼得方可如此則向之兼左兼右兼干兼支之法無不在其中矣有

勘 堪去聲。鞫囚也。鞫窮也。

人識得流轉變遷隨時而在之陰陽者。何愁大地不相逢乎。〇盈虛消長之道。本上下無常。進退無恒者也。分者。卽從無常無恒之中。分其進退。定其上下。辨其陰陽。分其逆順。如是無常者似乎有常。無恒者亦若有恒矣。

陽山陽向水流陽。執定此說甚荒唐。陰山陰向水流陰。笑殺拘泥都一般。若能勘破個中理。妙用本來同一體。陰陽相見兩爲難。一山一水何足言。

此句之意是言山水相對待也。

又言所謂識得陰陽者。乃玄空大卦眞陰眞陽。而非世之所謂淨陰淨陽也。若據淨陰淨陽之說。則陽山必須陽向。而水流陽。陰山必須陰向。而水流陰。時師拘拘於此。而不知其實無益也。眞陰眞陽。自有個中之妙。世人不得眞傳。無從勘破耳。若有明師指點。一言之下。立時勘破。則知不但淨陰淨陽不可分。所謂眞陰眞陽者。雖有陰陽之名。而止是一物。又何從分。既知陰陽爲一物。則隨手拈來。無非妙用。山與水爲一體。陰與陽爲一體。二十四山卦氣相通者。皆爲一體矣。夫淨陰淨陽者。一山止論一山之陰陽。一水止論一水之陰陽，故拘執有形，不能觸類旁通。且玄空大卦一山不論一山之陰陽，而論與此山相見之陰陽；一水不論一水之陰陽，而論與此水相見之陰陽，所以爲難知難能，而入於微妙之域。此豈淨陰淨陽之說，拘於有形者所可同年而語哉。

與此山皆是水與此山

與此水皆是山與此水

此刪

姚氏曰：箇中玄機之說，言人能明玄機，則知陰陽爲一體，山水亦是一體，二十四路卦氣相通，皆爲一體，而陰陽相見以成對待。分其陰陽之爲二，則山水卦理二十四路莫不分之爲二矣。然山水在在俱有，且衆所共見共見而得可辨者山之與水衆所不得而見不可而辨者曰眞故分之不可合之不可以此兩難蓋山水之陰陽非論一山一水之陰陽乃論山水相見之陰陽此所謂眞陰眞陽之交媾也蔣公註曰指點一言之下立時勘破而此言人必以爲易事今當代公指點必向易中深求而後再看此書方能入奥須知至大莫如天地不向難中而求取覓能言天地之道者古今未有之事也若不明卦理之妙欲合眞陰眞陽之交媾何異痴人說夢耳而世之論三元

地之三結。見宝照經上篇第一第二第廿一葉。穴之三法。即蔣公水龍歌所云五星論定穴應裁三法就遷慧眼開坐水騎龍爲上格。挾水倚龍亦佳城。向水攀龍非不美。後山水蔭始無衰。掛角並兼三法定。莫侵漏道損龍胎。是也。

俗註以來龍定陰陽。分順逆。亦有以來水爲定者。如來龍左轉者爲陽。右轉者

者。雖知三卦爲局。然局中之用未清。至於陰陽配合五行生尅順逆推排消詳衰旺地之三結穴之三法。范無頭緒。其由臆度相傳。人之自信以爲得。縱知三卦成局。如三百六十度中得其一也。而天地之理失一不可。何况止知其一乎。故爲再辨。欲人参而明之也。

批刪〔直解〕山上龍神在山。水裏龍神在水。此即謂陽山陽水。此陰陽以來者爲陽。往者爲陰。當合者爲陽。失運者爲陰。生者爲陽。死者爲陰。非世所謂左旋右轉也。亦非以山爲陰而水爲陽也。又非以紅字

爲陰卯水左水者當立陽向收陽水亦有以干支而分者亦有以卦屬而分別者皆非也

爲陽黑字爲陰也。又非以干屬陽。支屬陰也。此關一破。萬卷青囊絲絲入扣矣。陰陽郎往來來郎往。往郎來來。來與往一氣相貫。本無二物。須參與時偕行。與時偕極。郎往來流動之中。在在有一陰一陽。隨時而在者也。隨時而在。乃是眞陰陽眞五行眞玄空眞血脉眞龍神。若拘拘于干支卦位左轉右到者何來個中之妙耶。陰陽相見兩爲難者。山上排龍。水上排龍。雌雄相見也。此相見非坎龍必須離水之相見。兌龍必須震水之相見。要山上排龍。

排到水裏水裏排龍排到山上山上水裏或來者與往者相見或得者與失者相見或山與水相見或水與山相見或相見之於山或相見之於水或山與水都相見者此謂之兩難註云一山不論一山之陰陽而論與此山相見之陰陽一水不論一水之陰陽而論與此水相見之陰陽數語眞屬玄妙難知當細細察之如曉得此山此水相見之陰陽方知山與水爲一體陰與陽爲一體二十四山卦氣相通者皆爲一體矣豈拘拘于形跡者所可

補注印以
二十四山三句。乾宮、坤
論之。乾與坤知四九為友。
大有與大壯三八為朋。小
畜與需二七同道。大畜
與泰一六共宗。推之二十
四山各分雙雙起也。是印
五行之分布也。凡有不
於一卦收清者則以雙山
收之。合四象作法。

同年而語哉。

二十四山雙雙起。少有時師通此義。五行分布二十四。時師此訣何曾記。

此即上文二十四山分順逆之義。而重言以嘆美之。

疏此論卦体。乃四十八局之注脚也。

雙雙起者。一順一逆。一山兩用。故曰雙雙也。五行分布者。二十四山。各自為五行。不相假借也。雖如此云。而其中實有奧義。惟得秘訣者。乃能通之。時師但從書卷中搜索。必不得之數也。於此可見二十四山成格有定。執指南者。人人能言之。而微眇之機。不可測俗註有以雙山五行而起者。又有以分金納音五行而起者均非也。亦有從向上起者。亦有從山上起者。亦非也。亦有以水法合某局。即從其處起長生者。亦非也。

識矣。

俗註乾亥爲一。甲卯爲一。丁未爲一之類。釋雙雙起者非。

姚氏曰。恐人不明二十四山順逆之理。故又承上非有他義也。

直解。此處要順輪者。彼處要逆佈者。此時要順排者。彼時要逆挨者。一山兩用。故曰雙雙也。且二十四山定陰陽。分五行。起星下卦之法。其秘盡在雙雙二字之內。能於此中推測。可得五行分布之奧矣。

山上龍神不下水。水裏龍神不上山。用此量山與步水。百里江山一眴間。眴與瞬同音舜。目自動也。

此節上文山管山水管水之義。而重言以嘆美之。且又以世人之論龍神。但以山之脉絡可尋者爲龍神。即其所用水法。亦以山龍之法。下求乎水。以資其用耳。不知山與水。乃各自有龍神也。特爲指出。以正告天下後世焉。山上龍神。以山爲龍者也。專以山之陰陽五行。推順逆生死。而水非所論。水裏龍神以水爲

鑣音悲嬌切說文馬銜鐵也釋名鑣苞也所以在旁苞斂其口也曹植應詔詩揚鑣漂沫

龍者也專以水之陰陽五行推順逆生死而山非所論剛柔異質燥濕殊性分路揚鑣不相假也卽有山龍而兼得水龍之氣者亦山自爲山水自爲水非可以山之陰陽五行混入乎水之陰陽五行也山則量山以辨山之純雜長短水則步水以辨水之純雜長短得此山水分用之法百里江山一覽在目此青囊之秘訣亦青囊之提訣也嗚乎此言自曾公安剖露以來於今幾何年矣而世無一人知者哀哉

俗註論山用雙山五行從地卦查來龍入首論水用

下截六行山龍之穴之向止一的解。山龍之穴。本論二十四山何山。上中下三元何元。均取旺龍衰穴生向。為山向聯珠格。正格止此。外有所謂雙山雙向水零神者。另是通變一格。勿混入此論。水龍之穴之向有三的解。一天元即上元龍之穴。取輔星向為五吉。二人元即中元龍之穴。取貪狼向為五吉。三地元即下元龍之穴。取貪狼向為三吉。以上山水二龍其

三合五行從天卦。查水神去來者非。

刪傳

姚氏曰。今人平洋取山為朝為托。不但無益反失平洋真情。山水二龍。豈可牽混也。（但要據來山合成一卦。六艮等。或一坎九離等。）而先賢章句蔣公註釋。反覆叮嚀。山水各有衰旺生死。莫以皆出天地所生。試觀草木花卉。何以四季不齊。豈非天地所生乃因質性如此。山水二龍既可不分。何以山龍之穴之（須解此句。尚欠明悉。因再解之云。水龍之穴之向有三。）向止一。水龍之穴之向有三。皆緣剛柔異質。性不同（其一係天元龍之坤申。穴艮寅向。其二係人元龍之丁穴癸向。其三係地元龍之丙穴壬向也。）途。所以此旺彼衰。此衰彼旺。天元歌云。水路本是後天成。不向山骨先天生。又曰。撰出後天生與尅。豈辨

出脉過峽處之卦爻。用羅經格之。或父母兼子息。或子息兼父母。各有前兼兼後之分。前兼龍則前兼向。後兼龍則後兼向。地理家尚知之。

先天大五行。不啻舌爛唇焦。何後人執迷不悟至此耳。而山龍取水之由。亦因此出。姜公曰失其一并失其二。乃千古之定論也。而山乃屬陰。而水乃屬陽。燥溼之性各别。明理須明其性。不知陰陽之理衰旺生死。何辨。蔣公告之於前。予承心授之德。敢不繼公之志。以正告天下後世焉。

杭州直解 山用順。水用逆。俗註已明。水用逆而星仍用順。時師未曉此青囊之秘訣。即青囊之捷訣也。所云龍神。非來龍來脉之龍神。是挨星生旺之龍神

更有淨陰の句 補注 此卦純清淨也。係乾兌離震泰損既濟益等卦。蓋此十六卦為四十八局之交。故尤要雜以他卦。來脈無論斜正。皆以近穴受一節辨陰陽。較生旺。

三節來山起頂の句 補注 辨前一節二節龍水陰陽生旺。上四句主

山上挨得生旺之龍神。謂之埜著旺龍。當代發。水

裏挨得生旺之龍神。謂之埜著天心。發豈遲者也。

山自爲山。水自爲水。不相假借也。

更有淨陰淨陽法。（上四句言水龍來脈。）前後八尺不宜雜。（下四句言山龍來脈。）斜正受來陰陽取。

氣乘生旺方無煞。來山起頂須要知。三節四節不須拘。

只要龍神生得旺。（得令）陰陽卻與穴中殊。（此節言山水龍皆重近脈生旺。）

此淨陰淨陽。非陽龍陽向水流陽之淨陰淨陽也。蓋

龍脈只從一卦來。則謂之淨。若雜他卦。卽謂之不淨。

而辨淨與不淨。尤在貼身一節。或從前來。或從後至。

初年與遠年。

蔣注或以前來五節。

（疏）蔣注少誨。蓋此目先

取一卦清純。則峽上格龍。

卦外不得混雜。前只後指

卦旁兩路。

蔣注所傳血脉也

疏峽之兩旁。必有水界。

是爲血脉。

蔣注來山如此云云 疏水

即是山。山即是水。此節

上下文不得混雜。

須極淸純。不得混雜。尺言其最近也。言此尤爲扼要。所謂血脉也。一節以後則少寛矣。此節須純平龍運生旺之氣。若一雜他氣。卽是煞氣。吉中有凶矣。來水如此。來山亦然。須審其起頂出脉結穴一二節之近。要得龍神生旺之氣。蓋龍頂上聚受氣。廣博能操禍福之柄。卽或直來側受之穴。結穴之處與來脉不同。而小不勝大。可無虞也。此以知山上龍神水裏龍神皆以來脉求生旺而尤重在到頭一節。學者不可不愼也。

俗註以左轉右轉順逆爲陰陽者非

法刪 姚氏曰此言淨者欲卦氣之不襍其重在於到頭一節故言巳貼身禍福應之甚速小不勝大吉多凶少取用合法可收全吉之效也

法刪 直解來山來水處處均歸一路卽爲淨如出他卦卽爲不淨惟入首一節更不宜夾雜故特辨之乘氣收水其法不一或有斜受或有正受或陰來陽受或陽來陰受急來緩受緩來急受要而言之生氣在左則左在右則右隨地取裁不可執一者也

水交三八言也。補注三作一

不成字義。取其生生夫

婦也。玩十八圖自明。雁

形小。以疾。鵝鳥形大。以徐。

喻大水之交小水入局也。

如嘉興城。餘水答門

來山起頂者。穴後主山之頂也。須要知者。要知主山之頂。屬何方位屬何星體也。穴有穴頂。穴頂之方位星辰。亦要辨别清楚。去穴遠者。不必拘拘屬何星體也。只要合乎生旺爲妙。然此生旺。兼體用而言。宜細細察之。

天上星辰似織羅。水交三八要相過。水發城門須要會。城門。卽出水口卻如湖裏鴈交鵝。

此節言水龍審脈之法。

此以天象之經緯。喻水法之交會也。列宿分布周天。而無七政以交錯其中。則乾道不成。而四時失紀矣。

塘者。至西門。合南來之水。抱城流轉。走北門而大合襟。卻分二小水。從西門流入乾於府前。餘水庚字坎卦。乾水未字巽卦。是為二七。不曰樹交枝而曰雁交鵞。樹木直硬。不若鵞雁之生机活潑也。

幹水流行地中。而無支流以畍割其際。則地氣不收。而立穴無據矣。故二十四山之水。其間必有交道相過。然後血脉眞。而金龍動。大幹小支兩水相會合成三义而出。所謂城門者是也。湖裏鴈交鵞。言一水從左來。一水從右來。兩水相遇如鵝鴈之一來一往也。詳言水龍審脉之法。而立穴之玅在其中矣。

法刪

姚氏曰。此言二十四山之水。湧流入表。大餘支流遶渀渙散。似星辰之分布。所謂地道法天。而取用無從。故曰湖裏雁交鵞。因雁之形類鵞。且鵞雁皆喜近水。

以此喻水法。言大餘之遇小支。若雁鵞之相交合成三义。則雁停一行從左來。鵝聚一羣自右去。乃不云大水行龍。小水結穴。其曰湖裏雁交鵞。何精妙之如此也。

法則直解。上二句。取天象之經緯。喻水法之交會。下二句。以鵝鴈之往來。比流神之屈曲。然大幹小枝。兩水相會。合成三义。必有枝流界割其間。則地氣收束。立穴有據矣。所謂氣無界不收。龍無界不清。脉無界不止。穴無界不的。卽此意也。

山靜水動一句（補注）靜則晝夜俱靜，動則晝夜俱動，一定之理也。
乾坤艮巽二句（補注）半乾全戌內，有艮卦全；半坤全未內，有巽卦全；半艮全丑內，有震卦全；半巽全辰內，有兌卦全。故曰在內概也。以其為父母卦，故号御街而獨四大尊神也。……則御

富貴貧賤在水。神水是山家血脈精。山靜水動晝夜定。
水主財祿山人丁。（即一六等書）乾坤艮巽號御街。（御街。水形屈曲之名也。）四大尊神在內排。（四大尊神。即衰旺生死。）
生剋須憑五行布。要識天機玄妙處。乾坤艮巽水長流。
吉神先入家豪富。
乾坤艮巽各有衰旺生死。非可概用。須用五行辨其生剋。生剋即生旺。剋即衰死。生為吉神。死為凶神。要在玄空大卦。故云天機玄妙處也。
（浩刪）姚氏曰。此節總結前章之意。言知玄空大卦衰旺生死之妙理。而山水用法皆備。以此擇地富貴子孫皆

街不及此也。

在其中矣。

法刪

直解 山主靜。水主動。山管人丁。水管財祿。水法美。主財祿豐盈。龍氣佳。主人丁興旺。水形屈曲曰御街。非以方位爲御街也。四大尊神。卽衰旺生死。將此衰旺生死。排在乾坤艮巽水中。故曰在內排天機。卽天運吉神先入。謂當收得生旺爲先也。先到先收。亦謂之先入

請驗一家舊日墳。十墳埋下九墳貧。惟有一墳能發福。去水來山盡合情。

告删

〔直解〕如十墳用十處。有山情好者。有水法好者。有山水無情者。有發福者。有衰敗者。地非一處。盛衰亦無一定。自然之理也。楊公獨舉十墳埋下之句。蓋屬假借之辭。申言用法之得弗得也。謂此十墳用於一處。則九墳之前後左右。來山去水。坐山朝向。乘氣收水方位干支。與此一墳。總是一般模樣。既是一般。則九墳之盛衰宜與此墳一般爲是。乃九墳敗。一墳發者何也。而墳之形局雖同。所用之時各有先後。時有先後。坐山朝向。雖是一般。在

之陰陽各別陰陽既別則五行之消長氣運之盈
虛自有合與不合合情者惟此一墳體與用消與
長處處用得合法也

宗廟本是陰陽玄得四失六難爲全三才六建雖爲妙
得三失五盡爲偏蓋因一行擾外國遂把五行顛倒編
以訛傳訛竟不明所以禍福爲胡亂

此節旁引世俗五行之謬以見地理之道惟有玄空
大卦看雌雄之法所以尊師傳戒後學也蓋唐以後
諸家五行雜亂而出將以擾外國而反以禍中華至

今以訛傳訛流毒萬世曾公所以辨之深切也歟
姚氏曰陰陽大道天地又欲人知人與天地共其氣豈有不使知之乎又欲人之不知惟恐其人不能三緘其口行世不擇德惡妄作胡為以逆天地之意也而地之吉凶毫髮不爽有人言曰惡人得佳壤德者得凶地地自為變耳而此論縱然愚夫愚婦愚不至此螻蟻尚知天時草木亦隨時令此等之人不如蟻之草木多矣天地豈因一人而能如此失信乎天地罔垂德惡故假一行之手正偽之書並著天地無心

而觀德惡之心。深遠於人更甚。何也。青囊未顯之前。一行偽書先示於世。一行非欲以偽害人。奉大宗之敕也。而亦非太宗氣度不宏。太宗天之子也。天欲獎德罰惡。為子者而敢不代傳其命乎。楊公而遠一行之年。約計二百天。已逆料青囊之欲顯。使一行之書先出於前。布滿宇宙。至楊公時。偽書已有百二十家。縱有青囊三卷。難排百二十家之多。豈非天地之用心。比人深遠更甚矣。

法删直解宗廟二字。是五行之名號。得三失五得四失

六者非鑑善之謂也

總論此篇章句無多言陰陽之變化詳五行之生剋論山論水避死趨生其中義理精蘊括盡玄機之妙曾公名其序曰青囊而可謂無愧矣余自從弱冠初參此青意中似乎可得所論無非一山一水其言惟有一陰一陽反覆詳之一陰一陽化出無數陰陽一山一水生出千山萬水日看日迷愈參愈奧偶看一節自爲已是及觀下文始知前是皆非而經年屢月竟前後看至幾千遍之多又因家貧之慮惟有自慚

自愚於是中止，然欲悟之心未能少釋，而後復參數年，雖在窮苦傯愡甚之際，亦是付之度外，由此漸能領會。又三年餘，甫得青囊大旨，前之千山萬水，無非一山一水，前之無數陰陽，惟有一陰一陽，覺與初參之意相合，豁然而得之矣。今註此書，蔣公云直捷了當，誠如斯語也。

補注坤壬乙二句中之一看心言九運圖自明壬中之二黑運巨也乙中之八節八運補星也二與八通取運以補二運之偏故姜補

青囊奧語　唐楊益筠松譔

無心道人增補　直解

楊公得青囊正訣約其旨爲奧語以玄空之理氣用五行之星體而高山平地之作法已該刮於其中然非得眞傳口訣者索之章句之末終不能辨謂之奧語誠哉其奧語也姜垚汝皐氏注

坤壬乙巨門從頭出艮丙辛位位是破軍巽辰亥盡是武曲位甲癸申貪狼一路行　此節言挨星大卦之一條例

姜氏曰挨星五行即九星五行也貪巨祿文廉武破

注謂如今巨門。丙與巨門為一類例。艮丙辛三句補注丙中之大而七運破軍也。若艮中之所丙辛中之小運三運祿存也。七與三通。取七運以補三運之偏。巽辰亥三句補注辰中之屬大運武曲也。若巽中之大留亥中之卒四運文曲也。不與四通。取六運以補四運之偏。

輔弼。一一挨去故曰挨星。玄空大卦五行亦即挨星五行名異而實同者也此五行原本洛書九氣而上應北斗主宰天地化育之道幹維元運萬古而不能外也此九星與八宮掌訣九星不同唐僧一行作卦例以擾外國專取貪巨武為三吉其實非也夫九星乃七政之根原八卦乃乾坤之法象皆天寶地符精華妙氣顧于其中分彼此辨優劣真庸愚之識詭怪之談矣止是天地流行之妙與時相合者吉與時相背者凶故九星八卦本無不吉而有時乎吉本無補注：甲癸申二句注。甲中之雖一運貪狼也。癸中之益。申中之未濟。九運弼星也。一与九通。取弼星以陽貪狼之澤。九星另有參天玉交外詳宝照經。元注。例音厲類也。

挨星有先後二法。先一法。以羅經挨方位。不移之星。（便知其上）後一法。以何圖何掌訣。用一星入中五挨起。流轉九

有凶而有時乎凶所以其中有趨有避眞機妙用全須秘密耳眞知九星者豈惟貪巨武爲三吉即破祿廉文輔弼五凶亦有吉時眞知八卦者豈惟坎離乾坤四陽卦爲凶即震艮巽兌四陰卦亦有凶時斯得玄空大卦之眞訣矣奧語首揭此章乃挨星大卦之條例坤壬乙非盡巨門而與巨門爲一例（二例。謂何。謂二元也。）艮丙辛非盡破軍而與破軍爲一例巽辰亥非盡武曲而與武曲爲一例甲癸申非盡貪狼而與貪狼爲一例此中隱然有挨星口訣必待眞傳人可推測而得若舊注

宮。便知方位星上移來之星。所謂方位上不移之星。及方位星上移來之星均係一二三四五六七八九是也。

以坤壬乙天干從申子辰三合爲水局。故曰文曲艮丙辛天干從寅午戌三合爲火局。故曰廉貞之類。謬矣。又有云長生爲貪狼。臨官爲巨門。帝旺爲武曲。亦謬。

姑刪

姚氏曰。挨星之法。地理之要。蔣公不詳。門人代之而有以也。如人讀書。以作文章。從小書四書五經而後開筆完篇。如欲說明挨星。即是說完一部。辨正今之逐節註釋。其中半爲挨星。乃引由淺入深方明玄妙之理。而不讀四書經文。教以先做文章者。未之有也。

穴上是龍其與山別者以山是指祖星下出脈過峽言穴上是指到頭一節起頂出脈處言也穴內即向也向爲穴之對面本非穴內以向從穴定故謂之穴內也

而山有山之挨法水有水之挨法穴有分上內之挨法故舉坤壬乙（此三字挨上元三卦之山之例）艮丙辛（此三字挨上元三卦之水之例）巽辰亥（此三字挨上元三卦之穴上之例）甲癸申（此三字挨上元三卦之穴內之例）各爲一例而合山水穴上穴內之挨法所以此四例非盡巨門破軍武曲貪狼也雖挨法有一定之例然起星有殊耳

（挨山主旺 挨水主衰 挨穴上主生 挨穴內）

直解挨星五行即九星五行貪巨祿文廉武破輔弼一一挨去故曰挨星此五行原本洛書九氣而上應北斗主宰天地化育之道其氣無形可見者也無形之氣爲天所行也有形之質爲地所行也一二三四五六七八九即大五行爲天行氣爲地

此節言陰陽隨時而在。

行形之次序。非水火木金之在天成象。又非方圓直銳之在地成形。又非東木西金之方位。又非坎水離火之卦屬。故名之曰大玄空。此五行。隨氣变遷。隨運轉移。天心一動。九宮便更名。非有定。氣隨星分。故曰非巨門。而與巨門為一例。非破軍而與破軍為一例。如是。則卜卦起星之訣。定卦分星之奧。曉然矣。若拘拘於字義。則與玄空二字之意不合。

左為陽。子癸至亥壬。右為陰。午丁至巳丙。

路路有陰與陽。是隨時運變更也。

姜氏曰。此節言大五行陰陽交媾之例。如陽在子癸至亥壬則陰必在午丁至巳丙矣。自子至壬。自午至丙路路有陽路路有陰。以此爲例。須人自悟也。非拘定左邊爲陽。右邊爲陰。若陰在左邊。則陽又在右邊矣。亦可云左右。亦可云東西。亦可云前後。亦可云南北。皆不定之位。雌雄交媾非有死法。故曰立空。舊注自子丑至戌亥左旋爲陽。自午至申未右旋爲陰。謬矣。

刪 姚氏曰。此言陰陽之理。不可執定干支何爲陰干陰支何爲陽干陽支路須當活看如照版格而用乃爲拘泥之法玄空大卦之旨再不能於明矣非子癸至亥壬覺爲陽午丁至巳丙覺爲陰故曰以此爲例也

先刪直解陰陽左右是天地交媾之眞陰眞陽如陽在子癸陰必在午丁陽在午丁陰必在子癸陽在左陰必在右陽在右陰必在左入卦四陽路路有陽路路有陰非拘定左邊爲陽右邊爲陰也陰陽有一定之氣無一定之所陰陽雖無定所隨時而在者也若拘拘於子癸午丁亥壬巳丙順則皆順逆

則皆逆。何來左與右。那楊公恐人拘定。故特辨之。○自五至六爲陽。爲左。自五至四爲陰。爲右。來爲左。爲陽。往爲右。爲陰。能分來往左右之陰陽。方知陽在彼陰必在此之理矣。

雌與雄。交會合玄空。雄與雌。玄空卦內推。

姜氏曰。玄空之義。見于曾序江南節注。

[illegible]刪（直解）合玄空。即合陰陽往來之玄空。陰陽往來之玄空。總在山上水裏。雌雄交會之內。故曰推也。得此訣須知氣有一定之氣。而用無一定之用也。

山與水須要明此理。水與山禍福盡相關。

姜氏曰。山有山之卦氣。水有水之卦氣。脫不得陰陽交媾之理。山有山之禍福。水有水之禍福。有山禍而水福。有山福而水禍。有山水皆福。有山水皆禍。互相關涉。品配為用。

惕刪 姚氏曰。已詳識得陰陽玄妙理一節內矣。不必再註。

惕刪 直解。明此理者。即明雌雄交會之理也。此交會之理。蓋以地之體主靜。天之氣主動。主動之氣。生乎上。主靜之氣。成乎下。雌雄交媾。動靜生成。此氣本無往不在無時不有無物不生者也所謂葬乘生氣即乘此生氣也水得此生氣則天氣歸之天氣歸則地氣必從之矣如是則陰陽之道山水之理可得而知矣○要知禍福須辨氣之盈虛性之剛柔味之甘苦德之仁義情形之向背氣運之進退體用之得失則某山禍某山福不辨而自明矣如不辨情性不辨久暫不辨盈虛不辨往來進退但拘拘於生旺者斷不能得眞龍之全吉也

五行指洛書數

明玄空只在五行中知此法不須尋納甲

玄空。是指用氣運而言。用氣運是隨時變易活法。知此用氣運隨時變易活法。不用尋卦例呆法矣。

姜氏曰。九星五行大卦之法。只明玄空二字之義。則衰旺生死瞭然指掌之間。不必尋乾納甲坤納乙巽納辛。艮納丙。兌納丁。震納庚。離納壬。坎納癸之天父地母。一行所造卦例矣。

姚氏曰。納甲止可用之山龍。今人移之陽宅而用。殊為謬甚。

直解。無定無據。無力無隅。無始無終。無形無跡。無往不在。無時不有。曰玄空五行者。是挨星五行。即大玄空九星五行。非諸家之五行也。切莫誤認九

顛々倒 補注為合三
又卦反爻反。
為死顛々倒也。
順逆行 補注為順廿逆。
為逆廿順。

星五行之中。有與時合者。有與時背者。八卦九星本無有凶。不合則凶。本無有吉。合時則吉。如此則墓宅之興衰瞭然矣。何必用尋乾尋甲之法乎。

顛顛倒。二十四山有珠寶。順逆行。二十四山有火坑。

姜氏曰。顛倒順逆。皆言陰陽交媾之玅。二十四山陰陽不一。吉凶無定。合生旺則吉。逢衰敗則凶。山山皆有珠寶。山山皆有火坑。毫釐千里。間不容髮。非眞得靑囊之秘。何以能辨之乎。

传 刪 姚氏曰。此節引此之意。並非顛倒爲是。順逆爲非。能經緯。以經不動比陰。以緯一來一往常比動為陽。

配雌雄之交。火坑可生珠寶。不合陰陽之會。山水盡是火坑。顛倒有顛倒之理。順逆有順逆之道。珠寶火坑。止爭一間。莫以自為順逆。自為顛倒。禍福相閃捫心自問。如不明此理。則害人自害。而思之膽寒也。

法則直解。顛倒。即翻天倒地之顛倒。正是陰。不是陰陽不是陽之顛倒。下二句。總論俗術之非。

認金龍。一經。一緯。義不窮。動不動。直待高人施妙用。

姜氏曰。易云乾為龍。乾屬金。乃指先天真陽之氣。無形可見者也。地理取義于龍。正謂此耳。一經一緯。即陰陽交媾之妙金龍之經緯隨處而有而動與不動去取分焉必其龍之動而後妙用出焉若不動者不可用也金龍既屬無形從何可認認得動處即知用法所以有待高人也歟

姚氏曰已詳會序中矣

直解認金龍者即認無形之氣也無形之氣日往月來盈虛消長經緯無窮者也此氣從何可認苟能認得無形之氣孰往孰來誰消誰長方知其動與不動知得動處即知察血脉認來龍之法矣一

此節言用山水龍八法。

經一緯者。即動者運行於上。無一息之停。主降靜者安靜於下。亘古不移。主升。升升升降降上行下效。縱橫顛倒總由此而使然也。如舍經而言緯。非但無氣質生成之妙理。且無用往來之氣化。孤陽不生。緯亦空有是緯矣。如舍緯而言經。非但無寒暑以化物。并無秋落春榮之變易。獨陰不育。經亦徒有是經矣。金龍既屬無形。不是形跡上求動靜。曉然矣。不在于支方位上求動靜。亦曉然矣。

第一義要識龍身行與止。第二言來山脈水明堂不可偏。第裁穴定向之十字玄微。查地理錄要卷三第十葉六行。有看兩砂曲池彎抱之語。其注云。或微圓如新月。或彎曲如角尺。兩砂相對。穴在中間。如癸山丁向兼子午者。其間兩旁奴手穴處必乙辛丁兼卯酉。十字玄微。天然不爽。故曰。左右依砂彎處。別高低隨界闊相穵。等語。觀此可知裁

三法傳送功曹不高壓。第四音明堂十字有玄微。第五妙。前後青龍兩相照。第六秘八國城門（城門。是山岐水脉八國城門。）鎖正氣第七奧。（卽八卦水。其說本青囊經之布八門。）第八裁屈曲流神認去來第九神任要。向天心尋十道（在向上尋十道。與水口來去。龍配雌雄。天心十道。卽河圖一六。二七等五行。）他平地與青雲。第十眞着有一缺非眞情。

姜氏曰。上節言金龍之動不動。而此節繫頂龍身行與止。學者不可忽也。蓋有動則有止。不動則雖有金龍。只云行龍。原無止氣。故高人妙用以此爲第一。有此一着。然後其餘作法可次第而及也。來脈明堂不可偏。非謂來脈必與明堂直對。不可偏側也。若如所

穴定向十字玄微之眞。

平地亦然四字解。謂平地之看穴。又是高山看龍之意也。所以下文即接貼身左右云云。且平地亦然之下。不接言眞龍起頂

云。則子龍必作午向。亥龍必作巳向矣。來龍結穴變化不一。有直結者。有橫結者。有側結者。豈容執一。楊公之意。蓋謂來脉自有來脉之受氣。明堂自有明堂之受氣。二者須各乘生旺。兼而收之。不可偏廢也。傳送功曹。乃左右護龍星辰。蓋眞龍起頂。必高于護砂。乃爲正結。若左右二星。反壓本山。非龍體之正矣。平地亦然。貼身左右有高地。掩蔽陽和。房分不利。俗術所不覺也。十字玄微。乃裁穴定向之法。雖云明堂實從穴星內看十字。明此十字。則穴之上下左右向之

高於護砂者有二。施一以平地之龍來自高山其數十百里上之遠祖無不起頂高於護砂不待言之一以平地之龍多數十百里無頂其高低與護砂齊言之有與目見者相矛盾處不得言之此其所以不揍言之也。穴內向也。

蓋城門既定正氣之來蹤而又當於穴內分清十道解

城門正氣來蹤謂小支水出口交大幹而氣還來處某字迹其卦上河圖某數為水龍

偏正饒減盡于此矣其云玄微誠哉其玄微也歟前後青龍兩相照從槩耗龍虎定穴法者此義易知八國城也八國有不滿之處是曰城門（城門即水口也即水龍來脉也）蓋城門通正氣之出入而八國鎖之觀其鎖定之方便知是何卦之正氣以測衰旺而定吉凶也故曰秘天心十道縣頂八國城門而來蓋城門既（正字明指註）定正氣之來踪而又當于穴內（向也）分清十道乃知入穴正氣廣狹輕重銖兩平衡之辨故曰與此兩節專言入穴測氣非論形勢也不然則與明堂十字前後青龍兩條不幾于複乎屈曲

中某數水之旺龍者既定此爲龍矣。而又當于結穴處分清羅經所照某山。爲旺卦龍旁

卦之某爻。（某字指前該爻之卦上數與某數）中後言。龍配雌雄而爲某數。水之生官者因定此爲

向。此如定一龍爲六水之旺龍。定六向爲四水之生官。又如定六龍爲一水之旺龍。定二向爲

九水之生官是。（九水之生官）餘做此推前。解以河圖數橫看定龍向否合。因改作之秘于須是。

龍。古文龍。

改作要向天心尋十

道注抄左。此從向

上尋天心十道之用卦

法。把洛書數配後天

卦之環列者直看。以

定龍向。把河圖數

配先天卦之環列者

橫看。以定正運卦旁

同路之卦爲催吉而

流神已是合格之地。然有此卦則吉。彼卦來則凶

者。以屈曲而用之。訣矣。（誤生官）須有裁度乃可變通取用

故曰裁。以上皆審氣之眞訣。至微至渺者。一著不到。

將有滲漏而失眞情矣。平地高山。總無二法。上八句。

各是一義。末二句不過叮嚀以囑之語氣湊拍借成

十節耳。

存 删 姚氏曰。此節八句。姜公之註。玄機盡泄。鬚眉畢露。無

再批

存 删 直解 第一義。上節言無形之氣動不動。此節言

之爲生旺向。詳查堂局之吉卦。合龍向爲五吉。亦把圖經横看。惟五吉中某吉加吉。使一元兼兩元。則直看之。天心。卽天心正運之一卦。十道者。一六共宗等之十道也。要向天心。尋十道者。謂要尋向旁之卦。當天心正運者。與向卦合成河圖十道中之

有形之質止不止。楊公看雌雄之法。蓋以有形之質爲體。無形之氣爲用。一體一用。雖有動靜之殊。然必體立而後用行。故以龍身行止爲第一。經云形止氣蓄。萬物化生。卽此之謂也。

第二言。山有山之行止。水有水之行止。分定行止。然後辨其是地非地。再辨其屬何卦氣屬何生旺。得爲不偏不得卽謂偏。非坎龍離水之偏不偏也。

第三法。傳送功曹是前後左右輔從之別名。高

一六共宗等兩道也。此如城門水(即去水)來脈(即來龍)(即分水脊上脈)。爲一坎卦。其向要立九離卦。向旁之四巽卦。當四運時。爲天心正運殺水。向上九離卦水爲催吉。相合四九爲友。得河圖十道中之兩道。(即定爲)向上天心十道。既尋得之。依此立向。預

壓者。實欺主之象也。

第四奇。明堂十字。乃裁穴定向之法。在未立穴以前。先看四面情形。八方氣勢。次看來山來水合何時之生旺。再看內堂外堂。去來止聚之方。如是則知穴之宜左宜右。宜前宜後。自有一定不可移易之穴。自有一定不可移易之向矣。

第五妙。細看前後左右。龍虎案托。左爲龍。右爲虎。前爲案。後爲托。環抱開面相向有情爲照。兩相照者。八方相照有情也。

決其後效吉高發祥。餘卦。均倣此推。

第六秘。城門二字最難拘碍。水有水之城門。山有山之城門。水之城門有三。叉以三叉爲城門無三叉。以水之照穴有情處爲城門。亦有以來處爲城門。亦有以去口爲城門。總以有權有力處爲是。山之城門。以入首束氣處爲城門。或以過峽起頂處爲城門。亦有以某處來脉。即以某處爲城門。平原平陽。以枝浜界氣爲城門。或以低田界水止處爲城門。鎖正氣者。看准城門正氣鎖定在何方也。

第七奥。天心十道。是用法之至美者也。上文十天卦。即先天八卦。先後天卦合用也。

道。從形跡上看。此節以體用合宜。山水兼得。便爲十道。十道十道。節天卦之十道。非地卦之十道也。地卦之十道。一九二八三七四六。人人知之。何以云奧。楊公于此節發明要向天心尋者。眞所謂披肝露胆之說。陰陽相見之玅訣也。苟能會得其理。十道自然有處可尋。當在向上分淸。不用別處尋也。第八九十三節。水神雖以曲爲吉。然有此處來則吉。彼處來則凶者。其中須有裁度。平地靑雲卽高山平洋。高山平洋。其用則一。十眞者。龍穴沙水。

鬼曜朝對處處環抱朝拱。更兼山得山之用法。水得水之用法。此即謂十眞。或體好而用不能全合。或用得而體少有偏側反跳之形。總謂之缺。以上十節。須以龍眞穴的爲要。龍果眞。穴果的。止自有止。行自有行。自有明堂。自有功曹。自有傳送。自有十字。自有城門。左右自然照應。流神自然屈曲。如龍穴一有不的。外面空有萬重山。即此謂也。

倒林作接脉看

明倒杖。卦坐陰陽何必想。

姜氏曰。此以下二節。專指山龍穴法。與平地無涉。因

山龍穴法

世人拘執淨陰淨陽之說○故一語破之○倒杖并必如俗傳十二倒杖法○此後人僞造也○只接脉二字足盡倒杖之眞訣○既知接脉○便知眞穴○既得眞穴○便有眞向○自然之陰陽已得○又何必淨陰淨陽之拘拘哉○

姚氏曰○山龍之法○所重後高○天元歌云○山穴後高丁祿盛○故以接脈爲是○而與水龍大相懸絕○先賢故以倒杖僞法明之○恐人牽入水龍以失眞情○失一必失其二○今人仍於平洋取山而爲案○託何後人不明古人之道○至此地步○展卷不禁三嘆也○但知山水其名

皆龍。不明剛柔燥濕之性理。所謂同而不同也。

佐刪直解　此節中言裁穴定向之法。要在未立穴以前。先看山之來脉。從何起頂。從何入首。細細看准。某干上是來脉。某干上是入首。辨清干支夫婦。再看水之去來。某處是來源。某處是去口。某處是三叉。一一看到。然後再辨孰陰孰陽。誰得誰失。方可剪裁趨避。如卦坐倒杖等語。總言乘氣收水之法。何必想三字。是言楊公不勉而中。不思而得之致。楊公當時。携杖登山。隨機指點。後人神其說。為有

山龍穴法

十二種倒杖法傳訛之至

識掌模太極分明必有圖

姜氏曰山龍眞穴必有大極暈藏于地中此暈变化（變）不同而其理則一非道眼孰能剖露哉

法刪

姚氏曰如若山龍結地必有石穴內中生成龍口枕棺兩傍龍虎之石所謂眞鉗眞窩石內藏眞龍眞虎石兩傍識得枕棺龍虎石于山玉乳貫心香非取外形兩山環抱而爲龍虎也大極暈者於中土色必異非以面上之土而論其色也攻之眞土其泥細潤三

者之中得一方可爲憑故山龍之穴止一非高人法眼不能以辨故曰識今人惟取外象而分高低以論土色也豈不聞囊金於砂涸玉於璞珠生蚌內珊瑚産於海底貴重之物猶藏其形豈將天地精華以顯於外而使世人輕意即能明之槪可取用乎所以水龍之法山水實跡不足爲憑必須以玄機空擬也

【直解】按識掌模三字分明是掌上起星辰類聚羣分之太極何曾說著地中之太極果是地中之太極與掌何相干涉要得內極先求外極弗識外

山平兼說

極焉識內極既識外極再尋內極從此尋極萬不失一要求太極先求的穴再尋蟬翼自有眞極無物即無極無極即無物有物自有極有極自有物極以物定物以極分未生物先生極未生極先生物極生物物生極極物生生方知物物一太極

知化氣生剋制化須熟記

姜氏曰生旺之氣爲生衰敗之氣爲剋扶生旺之氣勝衰敗之氣是爲制化此一節兼平地而言

姚氏曰此節兼說平原論扶旺制衰之妙然衰由扶

甚法盡無民其在制而化之也

法冊直解知化氣要知天地化育之氣化育之氣至公至平無往不在無時不有既知此氣再細細考其所以生所以化所以尅制之理苟能熟記於胸中則天地之氣機墓宅之興衰瞭然矣生尅即五行之生尅制與化蓋言以文制武以貴治賤以長治幼以尊治卑之理三綱五常爲上道之制化此理之當然也陰陽剛柔水火木金爲五行之制化此氣之當然也其事雖異其理則一細心參考制化

三節皆論山龍形體

之理自得矣〇虛則補其母實則瀉其子亦是制化之妙法也

說五星方圓尖秀要分明

曉高低星峯須辨得玄微

鬼與曜生死去來真要妙

姜氏曰此三節皆論山龍形體不須另解鬼曜之生死去來是辨龍穴之要著也龍之轉結者背後必有鬼有穴星如許長而鬼亦如許長者俗眼難辨有反在鬼上求穴者不知穴星是來脉為生鬼身是去脉

爲死。察其去來。而眞僞立辨矣。盡龍左右龍虎都生曜氣。向外反張。有似乎砂之飛走者。此眞氣有餘。直衝上前。而餘氣帶轉。如人當風振臂。衣袖飄揚。反向後也。在眞龍正穴。則爲曜氣。在無有穴之地。則爲砂飛。此其辨在龍穴。而不在砂也。

法刪

姚氏曰。能明水龍之理。山龍易知。所以辨正書中略言大槩。何也。山龍有形可辨。靜物也。兩用皆實。水龍雖有其跡。惟在立空立卦而取。爲動物也。所以專重卦理。山水實跡。不足爲憑。而用皆從空擬。故有不同

尋覓挨排之凡峰是峰峦之峰挨排之法峰峦秀美者則挨之以官貴祖顧者則加之以財祿相女配夫因才而教卽調之元（玄）微

而同同而不同之難處也辨別方圓尖秀重在到頭一節高低以辨其結能識來脈鬼曜則易分矣

佚刪

直解五星卽木直金圓土方水曲火尖之五星要分明者要說五星正變之象也

星峰在旺方宜高衰方宜低是楊曾之眞訣須高處得高處之五行低處得低處之五行元（玄）微者各得其宜也

鬼曜專論挨生棄死之法

向放水生旺有吉休囚否（放置也此向放水專指向上生旺之水言亦水裏之生旺非山上之生旺）

天心補注天心即斗杓所指之云運也。即今八運復卦主運。孫卦兑旺。小畜水旺。

向中放水補注上节向放水三字。姜注單指消水。此節放字。作流字解。来水消水兹義。

從外生入名為進補注自此以下為。兹牵龍水与山向較生尅。為秀地到頭工

定如財寶積如山。從內生出名為退。家內錢財皆盡費。

生入。（尅。謂生不也。）剋入。名為旺。子孫高官盡富貴。

姜氏曰。玄空大卦之妙。只翻天倒地。對不同七字二十四山既分定五行。則榮枯生死宜有一定矣。及其入用有用于此時則吉。用于彼時則凶者。時之對不同者。其一也。有用之此處則吉。用之彼處則凶者。物之對不同者。又其一也。此其秘密之理。非傳心不可。天心即上文第七奧之天心。另有辨法。非時師所謂天心十道也。若如時師之說。又何用仔細耶。天心既

知蹤明姜注句下

姜
蔣注我居於衰敗三句蹤印今八運如發卦合旺運之說坎宮二黑輔運之水復卦坐山始卦出向是為一卦純清夫豫卦外三爻是震為八白之孔生旺之氣乎復卦外三爻是坤為一白用休坐山是孔我居

辨則穴中正氣已定而撓其權者在向中所撥之水也從外生入從內生出此言穴中所向之氣也我居于衰敗而受外來生旺之氣所謂從外生入也我居於生旺而受外來衰敗之氣似乎我反生之故云從內生出也此言穴中所向之氣穴中既有生入之氣矣而水又在衰敗之方則水來尅我適所以生我也內外之氣一生一尅皆成生旺兩美相合諸福畢臻所以高官富貴有異于常也此其中正有對不同者存焉舊注所云小玄空水生向尅向為進神向生水

於衰敗乎一屬水八屬木山於生龍二節生定也蔣注水交至衰敗之方三句疏仍如上四卦坎高水立始卦向夫小高外三爻是巽離二皇屬火巽兌水又至衰敗之方乎始卦外三爻是乾為九學屬金巽兌魁乘而所以生乘乎爻象順逆另詳天玉經干雖乾艮巽坤壬乙丙

魁水爲退神非是靑囊豈有兩玄空五行耶

刪

姚氏曰此言穴中正氣已從外生入水又居於衰方而握向中權要所叔之水以水衰魁爲生彼既在衰何暇魁我而生我故曰翻天倒地對不同非求於易中何知生魁之所以然知得微妙立穴是所不難乃有一定之向矣故將生死以喻榮枯衰旺之意也

刪

直解　二十四山何山當順推五行何山當逆挨九星知此即知得生死榮枯矣何山順何山逆有一定之氣無一定之位須參與時偕行與時偕極自

有一陰一陽隨時而在者也曉得在在在之陰陽空中分陰陽定五行之訣可得矣如生出生入尅出尅入乃言穴中所向之氣也穴中所向之氣衰旺有運死生隨時不可以一例求之者也

脉息生旺要知因龍歇脉寒災禍侵縱有他山來救助空勞祿馬護龍行

此節言山水龍脉形體空生旺否則凶至而吉砂莫能救也

姜氏曰此下二節總一篇之意言先尋龍脉以定穴之有無次論九星以辨氣之吉凶也此一節先言形體而以來龍之脉息為重外砂之護夾為輕

註刪姚氏曰。其重在地。不在砂之向背以分美惡。苟非其地。縱有砂之環抱。亦屬無益。不獨山龍如此。水龍亦然。恐人重賓輕主。而失大地也。

註刪〔直解〕生旺是氣運之生旺。知氣運之生旺。方可立向消納。剪裁趨避。倘不知此氣。則趨非所趨。避非所避。空用祿馬貴人。有何益哉。山龍眞結到落脉入首處。必有似有似無。呼吸浮沉之動氣。此謂之脉息。猶人身之六脉一般。身之六脉。主宰血氣。流行三焦。灌漑全體。脉非他物。卽神之別名也。華

元化云脈者氣血之先也先也者主宰乎氣血之神也由此觀之脈之生旺豈可忽乎

勸

勸君再把星辰辨吉凶禍福如神見識得此篇眞妙微

此節言再把星辨明卦氣吉凶而趨避之是奧語篇眞妙微知之爲郭璞再現

又見郭璞再出現

姜氏曰此一節乃言卦氣而以九星大五行爲主言如上節所云雖得來龍脈息之眞穴而吉凶禍福倘未能取必勸君再將挨星訣法細審衰旺生死而後可趨吉而避凶轉禍而爲福一篇之旨不過如此苟能識其徵妙前賢與後賢一般見識一般作用青囊

三卷更無餘義矣

姚氏曰事不慊詳未可忽略如遇其地可取必須詳其吉凶勿得造次輕許以挨星再辨務期全吉之道而後以定去取恍惚之間於中禍福相關結以郭璞此之先賢用心惟有精細無誤世人之事後人能得此意先賢後賢古今又有何異也

總論楊公此篇其言玄空大卦挨星五行即青囊經上卷陽生於陰之義而下卷理寓於氣之妙用也其言倒杖太極暈五星脈息即青囊經中卷形止氣蓄

之義。而下卷氣闡于形之妙用也。一形一氣。括盡青囊之旨。而究其玄機正訣。如環無端。不可捉摸。謂之曰奧語。宜哉。

注刪

直解 龍穴砂水分合向背。諸般皆有形跡可見。是眞是假。人所易曉。惟大玄空五行之法。世所不知。即古今以來。知者不過數人而已。再者楊公教得訣者而言也。謂既得眞訣。又得吉地。再將大五行之情性剛柔。往來進退。盈虛消長。細細審辨。而後趨避。如是則體與用無所不當矣。

細按再辨兩字。明明教得訣者而言也。謂既得眞訣。再將星辰考究明徹。星有吉凶消長。有陰陽往來。有氣色情性。有五行稟性。有三吉五吉。有統合專合。於五常有君臣父子夫婦昆弟。於時有秋冬春夏。於物有方圓直銳。於五行有水火木金。諸星各有所司。諸物各有所稟。苟能細細考究明徹。前賢後賢。一般見識。一般作用。誠哉得訣者所當辨也。

地理辨正再辨直解卷之二終

地理辨正再辨直解合編

杜陵蔣平階大鴻補傳　門人　武陵胡泰徵　會稽姜垚　較正

桐鄉姚銘三再註　無心道人增補　直解

天玉經　唐楊益筠松撰

內傳上

江東一卦從來吉。八神四個一。江西一卦排龍位。八神四個二。南北八神共一卦。端的應無差。

天玉內傳。即青囊奧語。挨星五行。玄空大卦。

公妙用。止有一法。更無二門。此乃反覆其詞以授曾
公安者也。江南江北。江東江西。曾序已先下注腳矣。
但南北東西。應有四卦。而此云三卦者。緣立空五行。
八卦排來。止有三卦故也。江東一卦者。卦起于西。所
謂江西龍去望江東。故曰江東也。八神郎八卦之中。
經四位而起父母。故曰八神。四個言八神之中。歷四
位也。一者。此一卦只管一卦之事。不能兼通他卦也。
江西一卦者。卦起于東。反而言之。郎謂江東龍去望
江西亦可。故曰江西也。亦于八卦之中。經四位而起

父母故亦曰八神四個。二者此一卦兼管二卦之事。

而不能全收三卦也。此此如坎至巽乃第四位。巽至兌

亦第四位。八卦之中。各經四卦。故曰八神四個也。南

北八神者。乃江北一卦。所謂江南龍來江北望也。不

云四個者、此卦突然自起。不經位數、與東西兩卦不

同也。八神共一卦者。此卦包含三卦。總該八神、又非

八神四個二之比也。夫此東西南北三卦。有一卦止

得一卦之用者。有一卦兼得二卦之用者。有一卦盡

得三卦之用者。此謂玄空大卦。秘密寶藏。非眞傳正

授斷不能洞悉其妙者也

俗註寅至丙為東卦申至壬為西卦午至坤為南卦子至艮為北卦非

姚氏曰地理一事自古秘密其所言者皆是天機玄妙之道也雖楊公始顯青囊所授者惟曾公妙應乃仍然秘之耳而後將公不忍世人以受俗師之愚將青囊三卷并先賢章句細為註釋刊布於世其因後之學者而無前緣不能心領意會以至誕妄百出究其所源不明於卦理也而卦不分為四從玄空五行

入卦排來。卦惟有三。南北以共一卦。入卦之變爲三。名。有。三。吉由三卦。兼及四卦五卦以分東西二卦稱有五吉兼可入卦。其。曰。總。該。入神乃卦變之又化於是入卦分而又分。卦。位。不。易。自異故江東一卦只管一卦之事。江西一卦。兼管二卦之事。南北相共包含三卦其卦分不易位。江南龍來江北望。江西龍去望江東由此東西入神之經四起法與南北各殊。卦既變有復化。化之豈無再變。所以地分貴富發有長促立局重於三卦也南北入神以共一卦者然而也既己合化三卦成之自化也其不經他位突然而自起者也非南北之卦可總該入神然江東江西二卦未嘗不是如此耳因不變而變變而不變應有可兼而不可兼之用也且其局之數有限而局中之變變而不變不變復變變中又變變之不已其變竟無限數致有局局之不同所謂一个排來千百个即此之意也而用或趨其變以同不變或避其變以同已變惟挨其星以取山之卦氣水之卦氣而相通者以就陰陽之變化也卦有一二三之分於中有能兼而不能

兼之至理存焉。然風鑑既曰陰陽。須明陰陽之道。徒言陰陽之名而不知陰陽八卦之理。惟以版格之局而嘵嘵者。其效刻舟求劍也

直解。江東一卦。即後天之震卦。江西一卦。即洛書之兌位。既論元運。震有震之吉時。兌有兌之旺運。今先將震之吉時而論。震爲三天元之末運可知。待震卦當令。坎坤都已過時矣。即得不爲我吉巽又屬一元。故曰四個一。此一卦只得一卦之用。不能兼通他卦故也。然非卦之不能時之不能也。再

論兌卦兌爲七。下元之首運。可知旣屬首該包三卦。即以七數至九。亦該得三吉。曰二者何也。惟玄空心法中。只得艮兌。不得離九。故曰四個二。此一卦只得兼通二卦之用。不能全收三卦故也。此非時之不能。天卦之不能也。八神者即坎坤震巽離艮兌乾也。共一卦者。即共此一卦而爲九也。能用此一卦所建之處。即能全收三卦。總該八神。又非八神四個二之所可比也。讀者先將九宮八卦分淸。孰往孰來。誰消誰長。再憑掌上尋得一卦二卦三卦之法。知起於東起於西。青囊之奧得矣。

二十四龍管三卦。莫與時師話。忽然知得便通仙。代代鼓騈闐。

二十四龍本是八卦。而八卦又分爲三卦。此立空之秘。必須口傳。若俗注丙本南離而反屬東卦。壬本北坎而反屬西卦。牽離支離悖理之極。且云四個一者寅辰丙乙四個在一龍。四個二者。申戌壬辛四個在二龍又屬無謂。

姚氏曰此承上文之意

直解二十四山本是八卦。此云三卦者、何也。法將九宮分配三元。一元分得三卦。即一二三四五六七八九也。然法雖於此用。要辨通不可執一。三四五。五。六。七。八。九。一。亦爲三卦。總要與葬時之一卦。合。而。生。即。爲。吉。退。而。衰。即。爲凶。經云、將來者。進。成。功者。退。即此謂也。三卦。即三般卦之三卦。此卦周流六虛。無所不至、此陰彼陽。無時不易。即八卦二十四龍。陰陽顛倒、變化錯縱。都由此而起。故曰管也、

天卦江東掌上尋知丁值千金地畫八卦誰能會山與水相對

天地東西南北皆對待之名所謂陰陽交媾玄空大卦之妙用也此節方將山與水相對一言略指一班泄漏春光矣非分天卦于江東分山水相對于地卦也若以辭害志分別支離即同癡人說夢矣

俗註天卦地支從天干以向論水神旺墓地卦天干從地支以龍論山水生死可矣

姚氏曰山水各有生死同一山水陰陽有同而不同

之妙用。對者對待也。無對待。何能成其交媾耶。

直解天卦卽立空江東卽立空中之生旺山與水相對者。水上之星卽山上之星山上之星卽天運之星將此天運之星輪到城門或山上此爲山與水相對。非必拘定要水與山相對只要水上之星與時相對耳。〇天卦地卦。非天父地母之俗說切莫誤認天卦卽無形之氣運行于上萬物生生之始也。江東者無形氣中之生旺也三元各有生旺故云江東江西此氣無形可見無跡可尋全憑徃來消長之中。細辨某爲江東。某爲江西。在江東時用江東爲合星。在江西時用江西爲合星。空中取用之法。曉然明白。再查有形有跡之八方。何方來水。何方去水。何方來龍。何方入首。何方高。何方低。何方水口。三叉。有形無形相交會于其間。再查山上龍神。水裏龍神。雌雄相對與否。此相對非坎龍必須離水之相對。兌龍必須震水之相對。所謂相對者。山上水裏。與時相對也

父母陰陽仔細尋。前後相兼定前後相兼兩路看分定

兩邊安。

卦有卦之父母。爻有爻之父母。皆陰陽交媾之妙理

此節前後。指卦爻而言。一卦之中爲父母卦前卦後。偏旁兩路。即爲子息。若不仔細審察。恐于父母之胎元不眞。而陰陽有差錯矣。

俗注以前兼後爲天卦屬向首後兼前爲地卦屬龍家爲兩边者非

姚氏曰。陰陽之道。敬順天命。從事於順昌也。用事於逆亡。逆而兼之之法。乃是順逆之理耳

直解父母是隨氣建極之父母陰陽是隨時變易之陰陽此陰陽名有定名位無定位須從顛倒變易之中細細辨其陰陽分其順逆故曰尋也前後是言山上水裏之前後山上水裏各有用法故曰兩邊安也兩邊兩路總言山上水裏來往各得其用也

卦內八卦不出位代代人尊貴向水流歸一路行到處有聲名龍行出卦無官貴不用勞心力只把天醫福德裝未解見榮光

八卦之內有三卦在三卦之內則爲不出卦而吉三卦之外卽爲出卦而凶向須卦內之向水須卦內之水二者皆歸本卦則全美矣天醫卽巨門福德卽武曲此乃一行所造小遊年卦例以涵挨星之眞者也蓋謂世人誤認卦例爲九星五行必不能獲福也

姚氏曰向水非欲以向必須對水而爲一路一路者乃合卦氣之一路也而有迎來立向殊爲誤解并言莫以服格取諸吉曜以定吉凶耳

直解山得山之卦內水得水之卦內向得向之卦

內此謂不出位中二句甚言不出卦之妙。如行龍先見錯雜。水神又流出卦。來龍來水先帶駁雜。用法又兼巨武之差錯。內外都出。是爲眞出矣。

倒排父母蔭龍位。山向同流水。十二陰陽一路排。總是卦中來。

倒排父母。即顛倒顛倒之義。陰陽交媾。皆倒排之法。山向與水神。必倒排以定陰陽。十二陰陽。即備二十四山之理。言雖有二十四位陰陽。總不脫八卦爲父母也

姚氏曰玄空大卦法以倒排言十二陰陽內有順逆之分山有山之排法水有水之排法以分陰陽非三合十二局之說耳

直解倒排即顛倒山向水神必須顛倒以定陰陽二十四山或順或逆總自顛倒中來也

關天關地定雌雄富貴此中逢翻天倒地對不同秘密在玄空

雌雄交媾之所為天地之關竅知其關竅而后交媾可定也江南龍來江北望江西龍去望江東此爲翻

天倒地已詳奧語注中

俗注以辰戌丑未爲關天關地非

姚氏曰關者阻塞之義蔣公註曰關竅竅者通也此言能明玄空妙理已通天地之道矣乃咏嘆之辭也

【直解】關即察也看也關天者察天運行消長之氣也關地者看地之是地非地去水來山之方位也天地形氣既定再分雌雄再定順逆再憑掌上排其吉凶取其合時合運者用之失時失令者去之此挨星之妙秘密深藏全在玄空上看眼不在形

跡上尋也故曰對不同在玄空天地二字指干支而言關卽開空中變易之干支知空中變易之干支卽知定雌雄分順逆之奥矣翻倒是言陰可作陽陽可作陰陰不是陰陽不是陽之翻倒也

三陽水向盡源流富貴永無休三陽六秀二神當立見入朝堂

三陽者丙午丁也天玉青囊旣重挨星生旺矣而此節提出三陽别有深意非筆舌所能道六秀者本卦之二爻故曰二神天下以卦之父母爲三吉以卦之

子息爲六秀

俗注艮丙巽辛兑丁爲六秀非

姚氏曰三陽至吉至吉之中恐有太過不及故兼六秀而言也

直解三陽水向是活潑潑地一處有一處之三陽一時有一時之三陽此處可作三陽彼處亦可作三陽此時有三陽彼時亦有三陽三陽二字隨氣變遷不可執一注中獨提丙午丁三字不過以此爲例耳

水到御街官便至神童狀元出印綬若然居水口御街
近台輔鼕鼕鼓角隨流水艷艷紅旆貴
鼓角紅旆皆以形象言
俗注乾坤艮巽為御街長生前一位為鼓角後二位
為紅旆非
〔直解〕御街指來水印綬言羅星鼓角紅旆皆是砂
之美名此節皆以象取類應之耳俗注論方位非
上按三才并六建排定陰陽算下按玉輦捍門流龍去
要回頭

三才卽三吉六建卽六秀此節上二句論方位故須排定陰陽下二句論形勢玉輦捍門皆指去水須纏身兜抱謂之曰回頭也

俗注以長生諸位爲六建及玉輦捍門俱就方位言者非

姚氏曰卦分父母子息一卦有二神以此言六秀三才者水取三吉正維干支不可相犯耳

〔直解〕六建三才言來山來水干支卦位之吉凶陰陽算者卽算山上水裏得失之屬也玉輦捍門皆

指去水回頭者去而復回有戀戀不舍之情狀也

六建分明號六龍名姓達天聰正山正向流支上寡夭遭刑杖

下二句緊接上二句而言水之取六建是矣然卦之山向在四隅卦中則用本卦支神之六建在四正卦中又當用本卦干神之六建若卦取正山正向而水又流他卦之支上是陰差陽錯而必有寡夭刑杖之憂矣即四正卦而四隅卦不辨白明矣此節以下專辨干支零正陰陽純雜毫釐千里之微

姚氏曰已詳上文

〔直解〕亦法中有天建、地建、人建、馬建、祿建、財建、此六建乃上好格局。然恐水多則易犯差錯。故特辨之。假如四正卦上有水。當用本卦干神爲六建。如壬子癸一卦。壬癸爲建。子爲才。又爲吉。或兼丑。或兼亥。則有寡天刑杖之憂矣。知此則四隅之卦可以類推矣。

前後五節。總是辨方位。定吉凶之法。六建、三才、二神、三吉、丙午巳丙、指方位干支而言。究其所以然

之故必須體用兼到爲要也

共路兩神爲夫婦認取眞神路仙人秘密定陰陽便是眞龍岡

共路兩神卽一干一支也一干一支皆可爲夫婦然有眞夫婦有假夫婦眞夫婦爲正龍假夫婦卽非正龍矣知巽巳爲眞夫婦丙午亦眞夫婦若巳丙則不得爲眞夫婦矣其他放此

姚氏曰此節之注世人妄度云假夫婦者乃路遇夫妻二十年但書中所論何事眞假夫婦又語何事如

此顯言。倘且胡猜。而精微之譚。自然難知矣

盾解兩神即一干一支。壬子亥壬眞假之屬也。謬取指來山來水。兼坐向而言也。看準來山來水干支夫婦、再辨其孰陰孰陽是眞是假便是分陰陽定五行之綱領。故名之曰眞神路。

陰陽二字看零正。坐向須知病。若遇正神正位裝。撥水入零堂。零堂正向須知好。認取來山腦水上排龍點位裝、積粟萬餘倉。

青囊天玉蓋以卦內生旺之位爲正神以出卦衰敗

之位爲零神。故陰陽交媾。全在零正二字。零正不明。生旺必有病矣。若知其故而以正神裝在向上爲生入。而以零神裝在水上爲剋入。則零堂正向。豈不兼收其妙乎。向水既妙。而來山之腦。未必與坐向相合。又當認取果來山又與坐向同在卦內。則來脈又合。非但一向之旺氣而已。惟水亦然。蓋山有來山之腦。水亦有來水之源。水龍卽是山龍。亦須節節排去。點位裝成。果能步步零神。則水之來脈。與水之入口同一氣。山之坐向。與山之來脈同一氣。斯零正二途別

無間雜而爲大地無疵矣

姚氏曰堪輿曰陰陽須明天地之道天分星宿移宮換度地列山川起伏交錯天缺西北地陷東南所以天有歲差之分地有零正之辨正者整也如物之整數既有其整其零難免必無故其零必附於整如無其零何以名整而零整不知其數亡亂亂則手敗將

公註曰生旺必有病矣病者患也乃者重之意耳

直解零正卽陰陽消長之道也卽零轉而爲正陽消則正轉而爲零消長不一陰陽無定苟能會

究消長之精微，方曉坐山朝向之病不病矣。坐向謂坐之得則坐向之得則向，重在得與弗得，不重坐與向也。

正神百步始成龍，水短便遭凶。零神不問長和短，吉凶不同斷。

此承上文而言。正神正位裝向固吉矣，然其向中來氣須深遠悠長而后成龍。若然短淺，則氣不聚，難以致福。至于水則不然，一遇正神，雖一節二節，其殺立應矣。其零神之長短，又與正神有異，使零神何在水

雖短亦吉若零神而在向雖短亦凶是零神之吉凶在水向之分而不係乎長短也

姚氏曰此言零正之道吉凶如此恐人不明故又承上

〔直解〕正神言山上排龍零神言水上排龍山上排龍排得正神所到之方宜來龍來脈實地高山俱吉有水則凶所謂百步者甚言其最近也水上排龍排得旺神所臨之地得水便吉無論遠與近也此亦平洋裁穴定向之要訣也○山上之零神卽

水裏之正神。水裏之零神。即山上之正神。上元之正神。即下元之零神。下元之正神。即上元之零神。零正無定。隨時運行而升降者也。

父母排來到子息須去認生尅水上排龍照位分兄弟更子孫

亦承上排龍而言。卦之中氣為父母。卦之二爻為子息。而本宮他卦之父母為兄弟。上二句言山上排龍。下二句言水上排龍。山上排龍從父母排到子息。總是一卦。則卦氣純一。然須認其卦之生尅。若得卦之生氣則純乎吉若得卦之剋氣則純乎凶矣豈可以其卦之純一而遂謂吉哉山上排龍來脈一路大都只在一卦之內至于水上排龍則不然水有一路來者亦有兩三路來者故須照位分開而不能拘一卦之父母只要旁來之水亦在父母一氣之卦謂之兄弟兄弟卦內又有子孫雖非一父母而總是一家骨肉來路雖多不害其爲吉也凶者反是

姚氏曰而人止知衰旺爲是生剋之要竟置不論豈知衰旺之道惟在五行而論不分生剋則衰可爲生

旺可爲尅卦理論可兄弟子孫亦無辨别矣

直解上二句言山上排龍下二句言水上排龍山上排龍以山爲龍者也穴後有主山卽以主山爲父母無主山以入首束氣處爲父母其餘博換傳變高低起伏開帳結頂之處卽爲子息此子息是形象之子息非挨排之子息挨排之子息蓋以主山入首處挨着五行爲父母開帳起祖之處挨着五行爲子息此處五行總要有益於主山入首者爲生與主山相剋相反者卽爲尅非是主山火曜

不取艮金祠帶廉貞。無用曲水之呆法也。以上

龍以水為龍者也。水有一處來者。有兩三處來者有四五處來者。總以照穴有情有力處為主。衆水

排龍之法。排着同元一氣者。為兄弟。挨得五吉三星者。亦為兄弟。兄弟之左右兩爻。便為子息。非子父財官之子息也。

二十四山分兩路。認取五行主龍。中爻戰。水中裝。便是正龍傷。前面若無凶交破。莫斷為凶禍。凶星看在何公頭。仔細認蹤由。

此一節專主卦之差錯者而言兩路者陰陽生死也二十四山每山皆有兩路非分開二十四山歸兩路也兩路之中須認取五行之所主五行所主貴在清純若龍中所受之氣既不清純而吉凶交戰矣倘能以水之清純者救之庶龍氣遇水制伏而交戰之凶威可殺柰何又將龍中交戰之卦裝入水中則生氣之雜出者不能爲福而死氣之雜出者適足爲禍正龍有不受其傷者乎然水之差錯其力足以相勝吉多者吉勝凶凶多者凶勝吉入曰雖然交戰而來水

源頭。若無凶星變破。則氣猶兩平。雖不致禍。亦未可遽斷爲凶禍。且凶星之應。亦有公位之分。吉凶雙到之局。只看某房受著。便于此房斷其有禍。不受著者亦不應也。非如純凶不雜之水。房房受其殃禍之比。故其終尤當仔細認云。

姚氏曰。此乃吉凶各半之地。故曰戰也。而戰之一事。惟在主帥運籌定謀。可獲其勝。稍有失算。必至其敗。並言生死頃刻。必觀敵在何方。其方將士難保無虞。以水制之。猶設奇取勝之策。可爲全吉之局也。

直解。五行主者。山水清純一卦之主也。如來龍出卦。與左鄰右舍相雜。此謂龍中交戰。水神又流出卦。與他卦干東混淆。此謂水中交戰。挨星又一得一失。裝在水中。此謂空中交戰。山與水俱屬吉凶交戰。川又半吉半凶。如是正龍有不受其傷者乎。前面言水。水上挨星。若無凶星交戰。未可遽言其凶。末二句。與公若來之意同耳。

先定來山後定向。聯珠不相放。須知細覓五行蹤。富貴結金龍。

此節單就山上龍神而言青囊天玉原以來山所受之氣與向上所受之氣分為兩局然兩局又非截然兩路故云聯珠不相放此不可約略求之者也須當細覓蹤跡若是富貴攸久之地必然來山是此卦而向首亦是此卦一氣清純方得謂之全龍耳

姚氏曰山龍大地固有一定之案然衆山排列於前美惡不齊恐圖美秀之峯以作朝向而失山龍之真故先定來山後定向聯珠者兩局同一卦古人事事精詳莫不皆用深心也

直解先定來山者。先將山上星辰。用得合法。山管人丁。故以山爲先也。後定向者。向首一星禍福之柄。水主財祿。故以向爲後也。山向雖有先後之分。其用則一。故云不相放。細覓五行蹤者。要在翻天倒地中細覓也。全龍者。向首是此一卦。來山亦是此一卦。氣質清純。陰陽相配。此謂之全龍也

五行若然翻值向。百年子孫旺。陰陽配合亦同論。富貴此中尋

此節亦上二句言山上龍神。下二句言水裏龍神。五

行翻値向者五行之正氣値向也翻卽翻天倒地之翻言生旺氣翻從向上生入也山管人丁故云百年子孫旺而富貴亦在其中矣陰陽配合水來配合也亦與向上之氣同論但用法有殊耳水管財祿故云富貴此中尋而子孫亦在其中矣

姚氏曰此言山水二龍剛柔之性各異故曰翻也非是山龍發丁水龍惟出富貴而果龍眞穴的富貴子孫皆同耳

直解翻卽翻天倒地之翻五行値向者天元九氣

之旺星翻值向也。陰陽配合者。陽水陰山雌雄配合元竅相通也。翻倒雖有山水之分。其用則一。故曰亦同論。此卽山水陰陽顛倒顛之意

東西父母三般卦。算值千金價。二十四路出高官。緋紫入長安。父母不是未爲好。無官只豪富。

此節發明用卦之理。重卦體而輕爻。重父母而輕子息。蓋同一生旺而力量懸殊也。言東西而南北在其中矣。青囊天玉之秘。只有三般卦訣。若二十四路不出三般之內。則貴顯何疑。然卦內又當問其是卦之

父母否高官緋紫必是父母之氣源大流長所以貴
耳若非父母而但乘交神子息之旺則得氣淺薄僅
可豪富而已

姚氏曰猶人能以致君澤民其身乃由父母所出所
以首重三卦不分父母子息也

直解東西即日往月來之東西三般即日月東西
循環往來顛倒顛立空起父母之三般是起父母
之三般即一時一刻亦不離此三般也蓋一刻為
一時之三般一時為一日之三般一日為一氣之

三般一氣爲一歲之三般一歲爲一運之三般一運爲三元九運顛倒顛互空起父母之三般及百千萬年爲運會元化之三般卦者運有運之卦元有元之卦也即一時一刻各有專令主事之卦此即一時一刻之三般此卦週流六虛不偏不倚至公至平無休無息隨時而運行遷謝者也者以三合爲三般三吉爲三般者眞諦何曾夢見耶

父母排來看左右向首分休咎雙山雙向水零神富貴永無窮若遇正神須敗絶五行當分別隔向一神仲子

當千萬細推詳

亦承上文川卦須父母而言父母排來要排來山之龍脈也來山屈曲必不能盡屬父母兼看左右兩爻子息若何若子息清純不雜又須向首所受之氣逢生旺則休遇衰敗則咎若雙山雙向卦氣錯雜須得水之外氣悉屬零神尅入相助則雙山雙向為水神所制伏而富貴可期矣萬一水路又屬正神則生出尅出兩路皆空而敗絕不能免矣公位之說乃因洛書八卦震兌離坎而定孟仲季三子之位隔向一神

猶在離卦之內故云併于天玉略露一班以爲分房取驗之矩矱言仲而孟季可以類推矣

姚氏曰地雖成局而零正之道不詳必至分房駁雜出入性情怪僻居心不端貌體帶殘皆由此病也

直解山向乃穴之主腦吉凶萬端從此而出順逆陰陽從此而分如用雙山五行之山雙山五行之向卦氣已屬兩家左右順逆仍屬一氣者無碍水周零神毫無夾雜亦能發福倘所坐所向之方界乎半陰半陽之地水神又在不零不正之間如是

欲謂之左非左謂之右非右謂之正非正謂之零非零矣山向水神生出尅出敗絶必不能免矣雙山雙向卦氣既屬不一則九星從何氣而分其陰陽從何卦而別其順逆○當分別者謂當分坐山得何五行向首得何五行知坐山向首之五行則某山吉某山凶某水合某水不合不辨而自明矣所云隔向一神者帝釋是也○俗術分房之說都以左爲長右爲季而前爲仲註云隔向一神猶在離宮之內蓋指一時一氣一宮一向而言也若時

運變遷斗轉星移則隔向一神亦隨之而變易矣隔向一神既隨之而變易則孟仲亦隨之而更換斷非左孟右季之呆法也可知矣

若行公位看順逆接得方奇特宮位若來見逆龍男女失其蹤

承上文仲子一神而概言公位之誰順則生旺逆則死絕然不云生死而云順逆者若論山上龍神則以生氣爲順死氣爲逆若論水裏龍神則又以死氣爲順生氣爲逆故也

姚氏曰公位者公同之意分房之說也此宮位者乃云山水各有衰旺之理也

【直解】公位即孟仲季分房之說順逆即往來得失之屬接得云者蓋現在與將來相接也現在與將來相接方爲奇特如與過去已往者相接便謂之逆又有半與將來相接半與已往相接亦謂之逆是有失踪之患矣註中以生氣爲順死氣爲逆專指山上排龍而言若論水裏排龍則又以生氣爲得死氣爲失顛之倒之所謂水用逆星仍用順即

同此意

更看父母下三吉三般卦第一

通篇皆明父母三般卦理反覆詳盡矣終篇復申言之若曰千言萬語只有此一事而已無復他說矣蓋致其叮嚀反覆之意云

姚氏曰其要惟在三卦終篇又明此義耳

直解三吉即一元三吉三般即顛倒顛立空起父母之三般習是術而不知此三般起父母之奧一切說玄說妙總屬胡言反覆叮嚀不過反覆詳盡

之意耳

內傳中

二十四山起八宮貪巨武輔雄四邊盡是逃亡穴下後令人絕

此節反言以見指與起下文之意言一行所作小遊年卦例以二十四山起八宮而取貪巨武輔爲四吉若其說果是則宜乎隨手下穴皆吉地矣何以四邊盡是逃亡穴下後反令人敗絕哉則知卦例不足信而別有眞機如下文所云也

姚氏曰一行以輔弼二星合於一位而淍挨星不論何時位位反吟凶固是凶吉亦成凶耳其後人不明所以又將移於陽宅此爲謬中更謬以因不忍世人被惑故特指出八宅之說不可取信也

直解八宮卦例以八卦之陰陽分順逆并有以六十四卦每卦分得八卦定吉凶者亦非也此節專論八宮卦例之非恐人誤認故特辨之

惟有挨星爲最貴泄漏天機秘天機若然安在內家活當富貴天機若然安在外家活漸退敗五星配出九星

名天下任橫行

蔣按上文卦例旣不可用惟有挨星玄空大五行乃爲陰陽之最貴者天機秘密不可流傳于世但可僞一泄漏而已安在內不出三般卦之內也安在外出三般卦之外出卦不出卦禍福迥分安得不貴耶夫挨星五行非如遊年卦例但取四吉而已蓋八卦五行配出九星上應斗杓知九星之作用便可橫行天下無不響應矣卦例云乎哉

姚氏曰天機者三卦用三卦合於龍向水也若詳八

卦五行九星之妙則知何卦合龍何卦合向何卦合水如何合法而三般卦之在內在外非用挨星不可蓋因九星司陰陽之機執禍福之權要也其有陰陽之分生死之氣各別所以山水各有衰旺生死之不同此生彼死此死彼生生死之氣不別衰旺之機則混故以九星運化其中而和陰陽生死之機以間山水衰旺之氣緣陰陽變化無窮而三卦隨之亦變其局同之更易局之更易不能使之不更不易陰陽變化何能定其不變不化豈有自爲三卦故亦隨之而

變以致局局不同矣其因變化更易之不定生死衰旺亦亂也以山水衰旺之氣非挨星而不可間陰陽生尅之機非挨星而不可和撓有可間可和之權以能領通三卦之理局中變化雖多挨星能引絲絲入扣如何不貴也於中挨法不一豈筆墨間可得而罄焉余非不欲授人以繼守此天寶留心訪察未得其人凡有所遇亦有忠正好德之士其口未能三緘亦有年歲不及亦有皮毛未得心滿目空亦有言間點之不省或由居心平常狂妄欺詐情慾太甚浮而不

實義理不明行爲輕薄亦有以天地之道覻之甚淺雖爲術學論皆化育之理此以道名非其人則不授而人錯會如沿街賣唱呼入即可聞哀哉道之義理已失却從何談起種種之間遏而不遏本欲秘之不語因見世之論三元者聚訟紛然而言天地交會陰陽相見但何爲交會相見皆所不知何能以辨生死衰旺甚至論三元者兼之三合何異捕風捉影論三合者强兼三元猶似張冠李戴三元三合天懸地殊青囊大旨全失陰陽之理自度與世茫然誤人自誤

而爲天地日增是非。即於戲天機玄妙之書而爲之掃地矣。蔣公成辨正一書。辨闢前傳之訛。豈知前訛仍在。人以假此書之名。復增其僞。因三卷青囊被作僞書之用。不得不爲再辨。不辨僞生。辨之仍正。正之不辨。其正必失。故而略指一二。或有前緣聰慧忠正識篤之士。易於入。與此書之正不失矣。余自此再辨之後。非但不授於人。抑且不敢言及天地之機也

直解法將得時得令之星安合時合局之水謂之安在內自有富貴之應若令星不得其所謂之失

在外自有退敗之患在山在水一同論也五星配出九星卽八卦配出九宮九宮分作三元如此推度行乎天下無不響應執定卦例之說者宜細推之方知此是彼非所云最貴者謂法之最貴也但傳之後切不可洩洩天機輕示非人以招造物之忌也是法始于晉盛于唐自五代及宋元注書立說者數千百家諸法雜出以僞亂眞紛紛聚訟龍蛇莫辨于是有心者無所依歸求食者藉爲憑信如是則僞者日益盛眞者日益失矣

干維乾艮巽坤壬陽順星辰輪支神坎震離兌癸陰卦逆行取分定陰陽歸兩路順逆推排去知生知死亦知貧留取敎兒孫

此節分出玄空大卦干支定位以足前篇父母子息之義四維之卦以天干爲主者也干維曰陽四正之卦以地支爲主者也地支曰陰此陰陽非交媾之陰陽也知卦之所主則父母子息不問而自明矣其陰陽兩路每一卦中皆有陰陽兩路可分非將八卦分爲兩路何者屬陰何者屬陽也其順逆推排卽陰陽

兩路分定之法非乾艮巽坤爲陽順坎震離兌爲陰逆若知此分輪則皆順也何去逆乎至于四卦之本各綴一字曰壬曰癸此又挨星秘中之秘可以心傳而不可以顯言者也

姚氏曰四正四維各有兩路分用非以四正從癸四維從壬亦非言壬癸分爲順推逆排也

直解四維之卦以乾坤艮巽爲主四正之卦以子午卯酉爲主知卦之所主即知卦之父母子息矣知此即知何者屬陽何者屬陰空中分陰陽定五

行辨順逆之法得矣。所言壬癸是隨時而在之壬癸非方位干支之壬癸即在在之壬癸亦有陰陽兩路可分當細細揣之自得在氣不在方之訣矣。乾坤艮巽子午卯酉皆卦之中氣卦之中氣爲父母偏傍兩爻爲子息

天地父母三般卦時師未曾話玄空大卦神仙說本是經訣不說宗枝但亂傳開口莫胡言若還不信此經覆古人墳

地曰東西曰父母曰玄空曰挨星異名而同實

若于字義屑屑分疏則支離矣此節蓋恐學者得傳之後以爲太易而輕忽之故極言贊美以鄭重其辭非別有他義也說到覆古人墳是徵信實著予得傳以來洞徹玄空之理今故注此經文駁前人之謬甫[illegible]了當略無畏縮皆取信于覆古人墳蓋驗之已往證之將來深信其一毫之無誤自許心契古人而可以告無罪于萬世矣

姚氏曰覆舊之說固可明達胷次然古今所葬公卿之地徒有地盤之大鋪設壯觀而已須覆其發公卿

之地方有補益然不明青囊之妙以耳爲目雖覆萬塚愈增疑惑能知玄空大卦何必覆之於舊耶

直解天地即干支父母是變易干支之父母三般即一四七二五八震乾離之三般宗枝者起父母之宗枝也起父母之宗枝若不從此三般便是僞法然此三般卦訣秘密深藏貴在心傳難以言顯楊公說道覆古人墳葢驗之已往即可証之將來深信其一毫無訛耳

分卻東西兩個卦會者傳天下學取仙人經一宗切莫

陰氣轉移隨時變易名有定名位無定位動極生靜靜極生動陽極生陰陰極生陽動而靜

亂談空五行山下問來由入首便知蹤。

此亦叮嚀告戒之詞而歸重于入首。益入首一節初年立應尤不可不慎也。

蔣氏曰此言入首扼要。公云初年立應而日後則不言可知耳。東西兩卦已詳上篇矣

直解分者即分運行不息之氣也運行不息之氣蓋以來者為東。往者為西陽者為東陰者為西動者為東靜者為西非世俗以坎離震兌分東西也。又非以十二支左兼右兼水法之左到右到分東

之源陽有陰之來陰配陽之往能從陰陽動靜之中分出某爲來某爲往起星下卦之法自得

西也兩個是言隨時而在之陰陽也苟能分得在在之陰陽則知此陰彼陽此東彼西之兩個矣曉得此兩個定卦分星之奧下卦起星之訣畧見一班矣

分定子孫十二位災禍相連値千災萬禍少人知剋者

論宗枝

此節直斜時師悞認子孫之損益子孫自卦中分出位位不同豈如俗師千從支起十二十四路止作十二位論若如此論法必致葬者災禍相連循矣既

遭災禍而俗師終不知所以災禍之故胡猜亂猜或云干凶或云支凶總非眞消息也夫災禍之發乃龍氣受尅所致而龍氣之受尅實不在干支蓋有爲干支之宗者焉所謂父母是也知其宗之受尅則知干支亦隨之而受尅所以不免災禍耳深言十二位分子孫之說之謬如此

姚氏曰此因三合之書派定十有二局以至禍人而三元之局固多不明陰陽玄渺之道以同三合無異耳

直解當世所用雙山五行之法呆將二十四山分

作十二位論陰陽辨順逆總由不知顛倒顛玄空起父母之宗枝也玄空起父母之宗枝二十四山陰陽不一顛倒無定隨氣運行隨時變易者乃是眞玄空眞陰陽眞五行也若拘呆法硬派某干屬陽某干屬陰者斷非知音之輩也

五行位中出一位仔細秘中記假若來龍背不眞從此誤千人

此節又詳言出卦不出卦之密旨蓋同一出位而有卦內卦外之不同若在卦內則似出而非出若在卦

外則眞出矣此中有秘。當密密記之。在卦內則能骨眞在卦外則龍骨不眞矣。

姚氏曰卦中出位旣有可出必有不可出也而同一出位禍福迴別以地理而論爲之去凶取吉如以命理而論乃爲去殺留官非於四柱之中但有官煞自竟取官爲用其煞豈能俯首聽命而自去也且格中旣已生成何能任人自擇以爲取去焉須其煞被制制之無氣方可以作此論官煞皆在有氣乃是煞官混雜耳即此亦從俗論但排命全屬子虛欲知本末

終始。必明其原。方由人裁取。三才卓立。所共一氣而
有清濁之分。氣之流行。與人氣潛應。胎元出氣而胚。
善習之性成。此所以造命於天。其曰性命落地之時。
如物成出土。而物之貴賤。早巳生就矣。故有同日共
時。窮通壽夭。而不同之。至於地理古今。而能取信於
人者。可知其原由人自取耳。而推其天運。看其山水。
配其雌雄交媾。合其年月日時。止刻能定。考其星曜。
參其吉凶。以靜合動。以賓配質。初年禍福。天時應歲。
久方知地有權。取吉蔸不應之。於吉矣。而每有大地

不能吉應否則禍福雜出在人取用不明臆度所至如庸醫之方惟欲其病自往就其之藥焉然庸醫用藥非醫一人即殺一人俗師看地非做一葬即殺一家若是如此世人不敢領教古今俗師庸醫早經盡絕所謂殺則止殺矣若明陰陽之道雖在出位由人去取仍不害其吉也而造命成性在父母亦不知於何時夫天下之大同此一呼吸之間其得孕者豈少然又有不同蓋緣人之存念不一受陰陽氣之不同內分厚薄以有賢愚成而不成者也

直解總卦不出天卦不合。卽謂卦外地卦出而天卦不出。是謂卦內、卦內云者在天心生旺之卦凶也、出一位卽巳丙亥壬申庚寅甲之出一位曉得出一位之眞訣。隨手拈來無非妙用。所謂不眞者。非龍脈右骨水口種種之不眞是挨星訣之眞不眞也。如不得眞訣。所誤豈止千人而已哉。細按此節則知拘拘於一卦清純者非也卽雙山三合不論水法之出與不出惟用長生冠帶排着吉者則吉凶者則凶亦非也一個排來千百個莫把星辰錯龍要合向向合水水合三吉位合祿合馬合官星本卦生旺尋合凶合吉合祿爲何法能趨避但看太歲是何神立地見分明成敗定爲何公位三合年中是

一個排來變化不一故有千百個也龍向水相合前篇已盡祿馬官星在本卦生旺則應不然則不應此見生旺爲重而祿馬官星在所輕矣

姚氏曰龍向水三者缺一不可所謂在合也於中用法局局不同地有三結加以偏正饒減故而變中又

化至有千百之多惟以卦理合之祿馬官星是所輕耳而三合者乃言禍福之應後人竟兼三合用之三合亦兼三元皆因此書玄妙太深後人無從捉摸想到出神入化之時上文成敗定斷何公位隨口帶過本句午中是甚至讀破而用之可爲草木皆兵矣一嘆

直解合而爲一散而爲九縱橫顛倒流轉星辰變易不一陰陽無定千百個者甚言陰陽之千變無窮也星辰錯非爲合官合貴之錯正言不合生旺之錯龍向水都合生旺再合之以官貴自然應驗

倘不合生旺空堆祿馬貴人有何益哉所言太歲三合總論錯不錯之應驗也

排星仔細看五行看自何卦生來山八卦不知踪八卦九星空順逆排來各不同天卦在其中

五行總在何卦中生不在干支中定所謂父母子息也不知八卦踪跡從何而來則九星無處排矣蓋星卦之順逆各有不同即此一卦入用或當順推或當逆推有一定之氣而無一定之用所謂天下諸書對不同也要而言之則玄空二字之義盡之矣

祖也而陰陽失一。由何而生陰陽。豈有自爲孤獨之理乎

直解 所言甲庚。是來何地落何宮隨氣變易之甲庚非東甲西庚之方位如拘於東西甲庚之方位則二十四山宜有一定何來有時占陽有時奐陰之更變耶讀者切莫誤認。上三節總是空中分陰陽定五行之法。

東西二卦眞奇異須知本向水本向本水四神奇代代著緋衣。

此節又重言向水各一卦氣。兼收生旺之妙。向上有兩神。水上有兩神。故曰四神

直解 二卦者。山有山之卦氣。水有水之卦氣。山有山之用法。水有水之用法也。本向本水者。水得本元之水。向得本元之向也。向上有兩神。水上有兩神。此謂四神。此四神。當在陰陽交會上推算。不在別處也。水得本元之水。自無上山之患。山得本元之山。自無下水之病矣。

水流出卦有何全。一代作官員。一折一代爲官祿。二折

三代福。三折父母共長流。馬上錦衣遊。馬上斬頭水出卦。一代爲官罷。直山直水去無翻。場務小官班。

水不出卦。須折折在父母本宮。若折出本宮。雖折而後代不發矣。馬上斬頭。即一折父母便流出卦。如斬頭而去也。本卦水又以曲折爲貴。乃許世代高官。若止直流。雖然本卦而官職卑矣。

姚氏曰。此言局之大小。其水折折有情。不出父母之卦。大地無疑。如一折出卦。否則直流而去。局之小也。承上本向本水。向水雖合。俞有辨別耳直解此節專言曲水之吉凶。水有一兩曲者有八九曲者。經云水曲則氣動。水折則氣活。水法雖以曲爲吉然曲多則易犯出卦。必須曲曲折折都在一氣之內、一宮之間。方爲上吉。錦衣云者。甚言曲而不出之吉也。如一曲一折。便屬零正混淆陰陽夾雜卽爲出卦。亦有近水淸純。遠水雜亂者。亦有遠水淸純。而近水錯雜者。亦謂之出卦。向有一代之應驗也。所謂塲務小官者。是言直來直去之應驗也。

丙傳下

乾山乾向水朝乾。乾峰出狀元。卯山卯向迎源水。驟富石崇比。午山午向午來堂。大將值邊疆。坤山坤向水坤流。富貴永無休。

此明玄空大卦向水兼收之法。舉四山以例其餘。皆卦內之清純者也。乾宮卦內之山。作乾宮卦內之向。而收乾宮卦內之水。則龍向水三者俱歸生旺矣。非回龍顧祖之說也。或云狀元。或云大將。或云驟富者。亦錯舉以見意。不可拘執姚氏曰此言龍向水須與卦合合則無不吉應故引為喻以狀元大將富貴兼說文武皆輔朝廷治國並無輕重之分猶陰陽順逆之道也而文臣之後亦出其武武將之後亦出其文乃陰陽變化之理也且一朝而有一朝之人物惟由天運其機俗師何知止曉指形說象分文辨武如痴如醉似病似狂溺惑一班若昏若迷猶生猶死之愚夫要文嫌武妄想富貴殊不知富貴皆從為德而來既能為德何愁無地以待為文為武自有氣機所化

何能以定那其地之

吉凶惟在三卦之內三卦之外以分去取人之重文輕武不明義理之論也

直解乾山者乾運卦內之山也乾向者乾運卦內之向也乾水乾峰者水亦乾運卦內之水峰亦乾運卦內之峰也然非坐水之說其訣可以一語破者向上水上之星即山上之星也

辨得陰陽兩路行五星要分明泥鰍浪裏跳龍門渤海便翻身

陰陽兩路上文屢見此重言以申明之耳下二句言

變化之易。

姚氏曰此節咏嘆上文之意惟言陰陽變化之妙耳

直解辨即辨玄空變易之陰陽辨清玄空變易之陰陽自曉陰陽順逆之兩路矣既識兩路再辨山上水裏之宜忌氣運消長之得失陽水陰山之配合兼貪兼輔之得宜自能一葬便興魚龍變化於頃刻間也

依得四神爲第一宮職無休息穴中八卦要知情穴內卦裝清

前篇本向本水四神奇是姑置來龍而但重向水此節穴上八卦要知情又從穴上逆推到來龍以補四神之不及穴上是龍穴內即向也

姚氏曰上文龍要合向向合水此節有穴上穴內之句後人著眼於此必欲用之竟有俗師而將墓門另設一向以湊不獨兩向已得抑且上內亦合否則隔宮取向可稱百孔千瘡窮思極想無出其之右也而如人嫌水濁投礬而攪之水可澄清見者效而為之不知其為礬也惟見其色取麪投之則愈攪愈渾而

成麪湯隱度猶少加而攪之竟爲麪漿矣其始初僅知是麪日久霉生麪跡皆沒以至目迷五色何異二向之爲也所云兩向中隱奧義穴上穴內而有挨星之法用取三卦之理方得一氣相貫故須逆推來龍以詳四神及與不及之意其論三元者不明三卦之用又爲一墳兩向之續矣然世間可爲之事頗多必欲以天地惑人者殊爲不解耳

直解依者承上文而言也上文專言向水上之四神此節兼山向水而言也穴中指山穴內言水山

上水裏各有兩神故曰四神此四神先要曉得何山得何五行何水得何五行細細裝清方知山上得何兩神向首得何兩神水裏得何兩神如是可得四神之捷訣矣

要求富貴三般卦出卦家貧乏之寅申巳亥水來長五行向中藏辰戌丑未叩金龍動得永不窮若還借庫富後貧自庫樂長春

前篇申庚壬丙一節是四正之卦此節又補四隅之卦觀此則支水去來凶之言當活看不可死看矣辰

戌丑未雖俗云四庫其實立空不重墓庫之說借庫出卦也自庫不出卦也是重在出卦不出卦不重墓庫也

姚氏曰所貴在此一動動則活矣而不在墓之不墓動雖間有人知惜乎不明卦理以同消詳穴法之用其用不明雖動無益吉凶何能可定而至貴惟氣庫乃藏貴物之所如以庫言則二十四路皆是庫也

直解寅申巳亥辰戌丑未俱屬四維之爻神論卦本屬一氣即大五行亦同一體向中藏者是言水

裏龍神得與失也。得爲動、又謂自庫、不得卽謂出卦、又謂借庫、借庫自庫、不問水之去來、總要得五行生旺之氣、不必拘於庫與不庫也。○蔣師一見水來、便云立某向、收某方水來、爲長生水到堂、左水到右者、當立陽向、如右水到左者、當立陰向、長生宮旺方、水宜來、衰病死絕方、水宜去、去處必須辰戌丑未方、便爲歸庫、九州一例、中外皆然、深可痛哉、

大都星起何方。是五行長生旺。大旆相對起高岡。職位

在學堂捍門官國華表起山水亦同例水秀峰奇出大官四位一般看

此節言水上星辰卽山上星辰只要得生旺之氣在山在水一同論也

姚氏曰旺氣出此爲捍門也

〔直解〕此節言山上水裏左右功曹龍虎案托捍門華表貴得生旺之氣在山在水一同論也

坎離水火中天過龍墀移帝座寶蓋鳳閣四維朝寶殿登龍樓罡刼弔殺休犯著四墓多銷鑠金枝玉葉四孟

裝金厢玉印藏

坎離水火一句乃一章之所重其餘星宿總是得生旺則加之美名逢死絕則稱爲惡曜名非有定星隨氣變者也

姚氏曰水火爲治功有陶成星宿皆隨其氣之化也而有論者以罡刼爲逢五之對待水弔煞乃罡刼之三合弔非是罡煞辰戌也弔刼丑未也因有不可犯之義存焉而古今多少聰明特達之士皆被三合所誤代爲一嘆耳

〔直解〕中天過移帝座即江南龍來江北望之意其餘星宿名非有定星隨氣變者也

帝釋一神定縣府紫微同入武倒排父母養龍神富貴萬餘春

帝釋丙也八武王也紫微亥也帝釋神之最尊故以縣府名之其實陰陽二宅得此貴之極矣然其妙用在乎倒排非正用也

姚氏曰雖云三位極貴至吉亦須參明而取未可概用也

直解註云最尊最貴貴不在乎帝釋而貴在紫微與八武同到也然其妙用在乎倒排非正排也所云倒排即顛倒顛之倒排非左到右到之倒排也

識得父母三般卦便是眞神路北斗七星去打劫離宮要相合

上二句引起下文之義言識得三卦父母已是眞神路矣猶須曉得北斗七星打刼之法則三般卦之精髓方得而最上一乘之作用也北斗云何知離宮之相合即知北斗之義矣

姚氏曰能明離宮之合玄機盡得矣而自古不背指明因畏違天戒耳

〔直解〕父母是經四位之父母三般是坎至巽巽至兌兌至坎顛倒顛之三般知此顛倒顛立空起父母之三般便是大玄空之神路矣北斗者隨時立極之氣也隨時立極之氣日往月來星移斗轉縱橫顛倒總由此而使然也七星者出現在而逆推到第七也此處五行互與立極之氣相反最易發禍要相合者要使發禍者變而爲發福相反者轉

而爲相合也。

子午卯酉四龍岡作祖人財旺。水長百里佐君王水短便遭傷。

取子午卯酉。以其父母氣旺也。言四正。則四維可以例推矣。水短遭傷以見出卦之故

直解四正之卦以地支爲主四隅之卦以乾坤艮巽爲主山水二龍均以此爲父母也。此節專辨山水二龍干支卦位之父母子息以辨力量之輕重也。

識得陰陽兩路行富貴達京城不識陰陽兩路行萬丈火坑深

此節顛顛倒之意皆上文所已言而詠嘆之

姚氏曰此兩節皆承上叮嚀之意

〔直解〕此識得二字明明對習術者而言也識得郎識隨時而在之陰陽識得隨在之陰陽陰陽二宅自能得心應手名並管郭流傳千古也倘不識此訣胡行亂作火坑之深淺豈可窮其丈尺也哉

前兼龍神前兼向聯珠莫相放後兼龍神後兼向排定

陰陽算明得零神與正神指日入青雲不識零神與正神代代絶除根

龍神向首皆有兼前兼後之法兼者父母兼子息子息兼父母此節正神零神之義

姚氏曰猶言零整切要之意故又明之耳

直解前兼後兼即顧前顧後之意前兼者向上排龍也向上既得生旺排到來山又生來山之生旺此謂之前兼後兼者山上排龍也山上既得生旺排到向首又生向首之生旺此謂之後兼前與後

零與正陰與陽總要排定何處得零何處得正分別陰陽前後推算得失也

倒排父母是眞龍子息達天聰順排父母倒子息代代人財退

父母子息皆須倒排而不用順排如旺氣在坎癸倒排則不用坎癸而得眞旺氣順排則眞用坎癸而反得殺氣矣似是而非毫釐千里玄空大卦千言萬語惟在于此

姚氏曰已註與語顛顛倒一節之內矣

直解註云旺氣在坎癸倒排則不用坎癸而得眞旺氣者讀者須從廉武上去推求順排則眞用坎癸而反得其殺氣看五六不知到何卦位耳

一龍宮中水便行子息受艱辛四三二一龍逆去四子均榮貴龍行位遠主離鄉四位發經商

此節又申言本卦水須折折相顧若一折之後便出本卦雖然得發必受艱辛矣必三四節逆去皆在本卦乃諸子齊發也位遠即出卦一出卦即主離鄉若出卦之後又還歸本卦反主爲商得財而歸其應驗

之不爽如此

姚氏曰此言取水之要。須不出父母之卦。果是大地。順來既好逆去亦必合卦。逆去如出父母之卦難無成敗之變。立局合格倘有經商之望也

直解一龍者一節水也。一節之後便流出卦。子孫雖發、必受艱辛四三二一龍逆去者。巽震坤坎逆流而去也。位遠離鄉、言逆水既流出卦、略還又還歸本卦、兒孫自有此應、

時師不識挨星學。只作天心摸。東邊財穀引歸西。北到

南方推老龍終日卧山中何嘗不易逢止是自家眼不的亂把山岡覓

東邊財穀二卦託喻卽江南龍來江北望之義立空妙訣也嘆息世人不得眞傳胡行亂走自戕言乎

姚氏曰挨星之學知者鮮矣如江之隔以限東西南北無有寶筏未易可登彼岸每縱一葦於萬頃難還而非其人於是未濟而今念絕以沉其舟也奈人之緣薄且渺問津而將道側之杏村視作桃源佳境空自奔馳未覩桃花之顏色因見徒勞故把金針而暗

度以待漁郎之自入耶其老龍曰卧爲候積德之人能入桃源之路前因亦善須知天律有禁慎重擇人宜堅其心而敬謹守此天寶也

直解 東引西歸北到南推二語眞靑囊之秘天玉諸書之奧矣老龍者是玄空運行之龍也玄空運行之龍自有玄空尋覓之法反從山岡上去尋覓何異刻舟求劍耶

世人不知天機秘洩破有何益汝今傳得地中仙玄空妙難言翻天倒地更玄玄大卦不易傳更有收山出煞

或以他疾而廢有議者曰因點眞穴所至此愚婦之識見俗師惑世之言也而天地旣以青囊傳世原欲人之識眞旣使人之識眞必欲人之用假用眞則忌我想天地豈有反覆而誘人犯法之理乎其由難得皮毛之理不明天理之理利名心甚假此惑人之所至或以僞法愚人者其因先喪天理之所至也而世人止知求地富貴可得然富貴未嘗不從於佳壤必須先求己之心所謂種德也其太極陰陽五行吉凶禍福莫不具之於此地能體天地之道惟行其德天

地早生吉地而備之以待合而爲一太極也而青囊未顯之前歷朝之出大賢名宦其地從何而擇自有鬼神以告知也如人不求於心而求之於地者以望富貴心胸已愚真穴何能可得耶而爲聖爲賢爲宰爲富皆出祖功宗德之蔭所以朝廷有追封三代之典其祖某某其父某以揚其德也而不明此理妄欲求福何異愚夫之喫齋念佛向泥塑之形以禱福澤乎然既肯誦經五經四書時時可讀欲效素餐飲食自可節戒人欲禮拜先聖先賢日日可拜捐資修廟文

廟先賢之祠年年可修布施爲善濟世之道頗多何不移之於此富貴皆從此出且使子孫看之效之簪纓亦可不絕至聖孔子三才中一大教主也其尊異教之僞乃背本教之真自先以反其教天地之所不容何能妄思其福也而有歸罪於僧道以其煽惑此論大非其身已入其門如無此爲衣食之計何着不得不然之勢實由愚夫妄想自投入網耳至如佛教由於漢明帝始興毫無可考置之不論至於道者乃道德之道後人以假此義而爲道教之端矣因註此

節求地種德請以德字言之今將太上感應篇之義略釋數語以解天下後世人之惑太上首言立德不言其道道者人所公共之一太極也德者在人自爲不言其惡願人爲德聖人作易以貴陽賤陰也因清氣成天濁氣爲地既清濁禍福從此而出矣故感應篇首言曰禍福無[illegible]人[illegible]自禍福乃言清濁之氣清氣爲陽爲吉濁陰爲凶天地間禍福現成不藏任取曰人三才卓立以言三綱之重此中明人得清濁之氣而成其形則清濁之氣與人刻不相離

而人之念有所動。乃氣之流行。雖動於念。實由其氣。此念之動。皆因眼耳口鼻。或視其物。或聽其聲。或辨其味。或聞其氣。以致心動。其眼耳口鼻。在氣之往還之所也。而念之動。皆因其氣之所爲。如念之動爲德。德乃主陽。而陽氣自應。若念之動爲惡。惡乃主陰。而陰氣自應。門者。限也。唯者。乃言其人之氣。自與陰陽之氣相通。一呼一吸。莫不同之。如影隨形。故無其限。人之禍福。天地亦不主之。其在德惡之爲。[illegible]自召。三尸神者。三乃三才。尸者。體也。神者。氣也。乃言天地與人。雖具三體。其氣如共一口。承上禍福自召之義也。而庚申日者。庚申之位。位已在西。乃言日行至此。落山在卽。爲德者。更須自保。莫以片刻之間。有失一日之功。而爲惡者。倘可自改。猶有陽光之在。如再埶迷。其日頃刻西墜。陽光全無。盡爲陰氣矣。乃以一日而比人之一世也。竈神者。上文已詳。三才三綱之道。惟竈備五行之全。缺一不可。乃言五常之要也。其炊爨在此。人賴爲生。五常有失。如竈之不能具食。無食則死。承上文算減則貧耗。算盡則死之義。云月晦者。

乃一月之欲盡以一月比人之一世也而傳有逢庚申日之夜不卧以守謂之欲滅三尸甚矣既然已具人形何以冥頑不靈之至此耳又曰欲求天仙者當立一千三百善欲求地仙者當立三百善而仙之分天地者言德之大小也人之望天可至百千萬里凡有風雲變態衆所共見共知猶言其德無分賢愚男女老幼皆知其名也而人看地人在此止見此處之地雖憑高遠眺亦惟數十百里於中景界不能分明須待人說方知猶言其德雖有人知其名尚有不知

之意而取爲仙者乃言世間所見之質惟山至隆人能爲德乃是世間最高之地步爲德之道比人如在山巔行動刻防有失所聽三籟所見崗林所聞清氣所食野蔬仰望惟天所以止知其德俯視茫茫而莫辨以至七情不亂六慾皆除情慾一絶修德日隆而人望之如與天齊故以仙喻而曰長生者乃身死名之常存如同於不死百千萬世皆知此人所謂與天地同休矣其在聖賢不圖身前之樂以爲樂而忠臣義士之不顧其身家者以得長生之道也其天仙地

仙者如聖人賢人之分也所云一千三百之數乾坤三交化育萬物本生於一氣一比聖三比賢蓋賢人出於聖人之教成也以千百之多寡而喻德之大小非指爲德之限數耳其下文云慈心及物慈者善也善者德也故曰惟善以爲寶一心比之爲德也及物者物尙愛及何况於人乎此言爲德之至以將太極天地而比之云天下億兆萬世之蒼生均賴其德之化育也此遍篇之義全是說仁義講道德言三綱五常之大道也而屢見好事者妄爲詮釋全失篇中

旨。反引詭言怪事。煽惑人心。並勸喫齋念佛。以興異教之端。喪心病狂。胡言亂道。而誤盡天下之蒼生者。皆由此輩腐儒之爲禍首也。以至引誘愚人失時廢業。盲修瞎煉。無所而不爲。甚至妄想成仙。哀哉。竟不知天地之爲何物也。凡世人欲求長生。以同福澤。惟有是道則進。非道則退。不履邪徑。不欺暗室。積德累功。慈心於物。忠孝友悌。正已化人。捨此之外。別無他法矣。故而運替興衰。惟於德惡之間。以定其之長促也。至如地學。雖爲術家之書。道三才之道。曰儒楊曾廖賴幕講蔣公諸前輩。背其鄉井。行遊天涯。若以諸公之學。以圖其利。而從己之私欲者。何難之有。故而作此。爲其有以也。因既明於理。理中有情。情亦人之所重。鄉黨難免無求。內閱德惡之間。允辭兩碍。於是甘受貧苦。萍踪浪跡。所以亦得長生之道也。如不明先賢之心。何能以會先賢之意。余因幾世單傳。人事何敢不盡。覓緣一子。年幼且又在家。貧至被絆。足爲此曲受磨折。以竭己之微忱。而不得效諸前輩之道。遥惟有自嗟自嘆耳。莽諸家數學之草頑世人之一

近爲妙其悟不明。誤人自誤。參之得徹、有誤事業亦
有婣胥斯道者。至要除其情慾。首重別其德惡。其能
。如此個中之理必可得。若不先明於人事奚能知其
天地之道乎。因此敬釋感應篇數言。洲附以告天下
後世焉

戒語　此法造物之所忌、先師之所秘、恐人輕洩、故
於篇終、特又叮嚀敎戒之耳、穩口穩口、無取災禍、

地理辨正再辨直解卷之三終